»Lieber Lord Chandos«
Antworten auf einen Brief

Herausgegeben von
Roland Spahr,
Hubert Spiegel und
Oliver Vogel

S. Fischer

Satz: Pinkuin Satz und Datentechnik, Berlin
Druck und Bindung: Clausen & Bosse, Leck
Printed in Germany 2002
ISBN 3-10-075118-3

Inhalt

Hugo von Hofmannsthal

Ein Brief

Dies ist der Brief, den Philipp Lord Chandos, jüngerer Sohn des Earl of Bath, an Francis Bacon, später Lord Verulam und Viscount St. Albans, schrieb, um sich bei diesem Freunde wegen des gänzlichen Verzichtes auf literarische Betätigung zu entschuldigen.

Es ist gütig von Ihnen, mein hochverehrter Freund, mein zweijähriges Stillschweigen zu übersehen und so an mich zu schreiben. Es ist mehr als gütig, Ihrer Besorgnis um mich, Ihrer Befremdung über die geistige Starrnis, in der ich Ihnen zu versinken scheine, den Ausdruck der Leichtigkeit und des Scherzes zu geben, den nur große Menschen, die von der Gefährlichkeit des Lebens durchdrungen und dennoch nicht entmutigt sind, in ihrer Gewalt haben.

Sie schließen mit dem Aphorisma des Hippokrates:

»Qui gravi morbo correpti dolores non sentiunt, iis mens aegrotat« und meinen, ich bedürfe der Medizin nicht nur, um mein Übel zu bändigen, sondern noch mehr, um meinen Sinn für den Zustand meines Innern zu schärfen. Ich möchte Ihnen so antworten, wie Sie es um mich verdienen, möchte mich Ihnen ganz aufschließen und weiß nicht, wie ich mich dazu nehmen soll. Kaum weiß ich, ob ich noch derselbe bin, an den Ihr kostbarer Brief sich wendet; bin denn ich's; der nun Sechsundzwanzigjährige, der mit neunzehn jenen »neuen Paris«, jenen »Traum der Daphne«, jenes »Epithalamium« hinschrieb, diese unter dem Prunk ihrer Worte hintaumelnden Schäferspiele, deren eine himmlische Königin und einige allzu nachsichtige Lords und Herren sich noch zu entsinnen gnädig genug sind? Und bin ich's wiederum, der mit dreiundzwanzig unter den steinernen Lauben des großen Platzes von Venedig in sich jenes Gefüge lateinischer Perioden fand, dessen geistiger Grundriß und Aufbau ihn im Innern mehr entzückte als die aus dem Meer auftauchenden Bauten des Palladio und Sansovin? Und konnte ich, wenn ich anders derselbe bin, alle Spuren und Narben dieser Ausgeburt meines angespanntesten Denkens so völlig aus meinem unbegreiflichen Innern verlieren, daß mich in Ihrem Brief, der vor mir liegt, der Titel jenes kleinen Traktates fremd und kalt anstarrt, ja daß ich ihn nicht als ein geläufiges Bild zusammengefaßter Worte sogleich auffassen, sondern nur Wort für Wort verstehen konnte, als träten mir diese lateinischen Wörter, so verbunden, zum ersten Male vors Auge? Allein ich bin es ja doch und es ist Rhetorik in diesen Fragen, Rhetorik, die gut ist für Frauen oder für das Haus der Gemeinen, deren von unserer Zeit so überschätzte Machtmittel aber nicht hinreichen, ins Innere der Dinge zu dringen. Mein Inneres aber muß ich Ihnen darlegen, eine Sonderbarkeit, eine Unart, wenn Sie wollen eine Krankheit meines Geistes, wenn Sie begreifen sollen, daß mich ein ebensolcher brückenloser Abgrund von den scheinbar vor mir liegenden literarischen Arbeiten trennt, als von denen, die hinter mir sind und die ich, so fremd sprechen sie mich an, mein Eigentum zu nennen zögere.

Ich weiß nicht, ob ich mehr die Eindringlichkeit Ihres Wohlwollens oder die unglaubliche Schärfe Ihres Gedächtnisses bewundern soll, wenn Sie mir die verschiedenen kleinen Pläne wieder hervorrufen, mit denen ich mich in den gemeinsamen Tagen schöner Begeisterung trug. Wirklich, ich wollte die ersten Regierungsjahre unseres verstorbenen glorreichen Souveräns, des achten Heinrich, darstellen! Die hinterlassenen Aufzeichnungen meines Großvaters, des Herzogs von Exeter, über seine Negoziationen mit Frankreich und Portugal gaben mit eine Art von Grundlage.

Und aus dem Sallust floß in jenen glücklichen, belebten Tagen wie durch nie verstopfte Röhren die Erkenntnis der Form in mich herüber, jener tiefen, wahren, inneren Form, die jenseits des Geheges der rhetorischen Kunststücke erst geahnt werden kann, die, von welcher man nicht mehr sagen kann, daß sie das Stoffliche anordne, denn sie durchdringt es, sie hebt es auf und schafft Dichtung und Wahrheit zugleich, ein Widerspiel ewiger Kräfte, ein Ding, herrlich wie Musik und Algebra. Dies war mein Lieblingsplan.

Was ist der Mensch, daß er Pläne macht!

Ich spielte auch mit anderen Plänen. Ihr gütiger Brief läßt auch diese heraufschweben. Jedweder vollgesogen mit einem Tropfen meines Blutes, tanzen sie vor mir wie traurige Mücken an einer düsteren Mauer, auf der nicht mehr die helle Sonne der glücklichen Tage liegt.

Ich wollte die Fabeln und mythischen Erzählungen, welche die Alten uns hinterlassen haben, und an denen die Maler und Bildhauer ein endloses und gedankenloses Gefallen finden, aufschließen als die Hieroglyphen einer geheimen, unerschöpflichen Weisheit, deren Anhauch ich manchmal, wie hinter einem Schleier, zu spüren meinte.

Ich entsinne mich dieses Planes. Es lag ihm, ich weiß nicht welche, sinnliche und geistige Lust zugrunde: Wie der gehetzte Hirsch ins Wasser, sehnte ich mich hinein in diese nackten, glänzenden Leiber, in diese Sirenen und Dryaden, diesen Narcissus und Proteus, Perseus und Aktäon: verschwinden wollte ich in ihnen und aus ihnen heraus mit Zungen reden. Ich wollte. Ich wollte noch vielerlei. Ich gedachte eine Sammlung »Apophthegmata« anzulegen, wie deren eine Julius Cäsar verfaßt hat: Sie erinnern die Erwähnung in einem Briefe des Cicero. Hier gedachte ich die merkwürdigsten Aussprüche nebeneinander zu setzen, welche mir im Verkehr mit den gelehrten Männern und den geistreichen Frauen unserer Zeit oder mit besonderen Leuten aus dem Volk oder mit gebildeten und ausgezeichneten Personen auf meinen Reisen zu sammeln gelungen wäre; damit wollte ich schöne Sentenzen und Reflexionen aus den Werken der Alten und der Italiener vereinigen, und was mir sonst an geistigen Zieraten in Büchern, Handschriften oder Gesprächen entgegenträte; ferner die Anordnung besonders schöner Feste und Aufzüge, merkwürdige Verbrechen und Fälle von Raserei, die Beschreibung der größten und eigentümlichsten Bauwerke in den Niederlanden, in Frankreich und Italien und noch vieles andere. Das ganze Werk aber sollte den Titel Nosce te ipsum führen.

Um mich kurz zu fassen: Mir erschien damals in einer Art von andauernder Trunkenheit das ganze Dasein als eine große Einheit: geistige und körperliche Welt schien mir keinen Gegensatz zu bilden, ebensowenig höfisches und tierisches Wesen, Kunst und Unkunst, Einsamkeit und Gesellschaft; in allem fühlte ich Natur, in den Verirrungen des Wahnsinns ebensowohl wie in den äußersten Verfeinerungen eines spanischen Zeremoniells; in den Tölpelhaftigkeiten junger Bauern nicht minder als in den süßesten Allegorien; und in aller Natur fühlte ich mich selber; wenn ich auf meiner Jagdhütte die schäumende laue Milch in mich hineintrank, die ein struppiges Mensch einer schönen, sanftäugigen Kuh aus dem Euter in einen Holzeimer niedermolk, so war mir das nichts anderes, als wenn ich in der dem Fenster eingebauten Bank meines studio sitzend, aus einem Folianten süße und schäumende Nahrung des Geistes in mich sog. Das eine war wie das andere; keines gab dem andern weder an traumhafter überirdischer Natur, noch an leiblicher Gewalt nach, und so ging's fort durch die ganze Breite des Lebens, rechter und linker Hand; überall war ich mitten drinnen, wurde nie ein Scheinhaftes gewahr: Oder es ahnte mir, alles wäre Gleichnis und jede Kreatur ein Schlüssel der andern, und ich fühlte mich wohl den, der imstande wäre, eine nach der andern bei der Krone zu packen und mit ihr so viele der andern aufzusperren, als sie aufsperren könnte. Soweit erklärt sich der Titel, den ich jenem enzyklopädischen Buche zu geben gedachte.

Es möchte dem, der solchen Gesinnungen zugänglich ist, als der wohlangelegte Plan einer göttlicher Vorsehung erscheinen, daß mein Geist aus einer so aufgeschwollenen Anmaßung in dieses Äußerste von Kleinmut und Kraftlosigkeit zusammensinken mußte, welches nun die bleibende Verfassung meines Innern ist. Aber dergleichen religiöse Auffassungen haben keine Kraft über mich; sie gehören zu den Spinnennetzen, durch welche meine Gedanken hindurchschießen, hinaus ins Leere, während so viele ihrer Gefährten dort hangen bleiben und zu einer Ruhe kommen. Mir haben sich die Geheimnisse des Glaubens zu einer erhabenen Allegorie verdichtet, die über den Feldern meines Lebens steht wie ein leuchtender Regenbogen, in einer stetigen Ferne, immer bereit, zurückzuweichen, wenn ich mir einfallen ließe hinzueilen und mich in den Saum seines Mantels hüllen zu wollen.

Aber, mein verehrter Freund, auch die irdischen Begriffe entziehen sich mir in der gleichen Weise. Wie soll ich es versuchen, Ihnen diese seltsamen geistigen Qualen zu schildern, dies Emporschnellen der Fruchtzweige über meinen ausgereckten Händen, dies Zurückweichen des murmelnden Wassers vor meinen dürstenden Lippen?

Mein Fall ist, in Kürze, dieser: Es ist mir völlig die Fähigkeit abhanden gekommen, über irgend etwas zusammenhängend zu denken oder zu sprechen.

Zuerst wurde es mir allmählich unmöglich, ein höheres oder allgemeineres Thema zu besprechen und dabei jene Worte in den Mund zu nehmen, deren sich doch alle Menschen ohne Bedenken geläufig zu bedienen pflegen. Ich empfand ein unerklärliches Unbehagen, die Worte »Geist«, »Seele« oder »Körper« nur auszusprechen. Ich fand es innerlich unmöglich, über die Angelegenheiten des Hofes, die Vorkommnisse im Parlament oder was Sie sonst wollen, ein Urteil herauszubringen. Und dies nicht etwa aus Rücksichten irgendwelcher Art, denn Sie kennen meinen bis zur Leichtfertigkeit gehenden Freimut: sondern die abstrakten Worte, deren sich doch die Zunge naturgemäß bedienen muß, um irgendwelches Urteil an den Tag zu geben, zerfielen mir im Munde wie modrige Pilze. Es begegnete mir, daß ich meiner vierjährigen Tochter Katharina Pompilia eine kindische Lüge, deren sie sich schuldig gemacht hatte, verweisen und sie auf die Notwendigkeit, immer wahr zu sein, hinführen wollte, und dabei die mir im Munde zuströmenden Begriffe plötzlich eine solche schillernde Färbung annahmen und so ineinander überflossen, daß ich den Satz, so gut es ging, zu Ende haspelnd, so wie wenn mir unwohl geworden wäre und auch tatsächlich bleich im Gesicht und mit einem heftigen Druck auf der Stirn, das Kind allein ließ, die Tür hinter mir zuschlug und mich erst zu Pferde, auf der einsamen Hutweide einen guten Galopp nehmend, wieder einigermaßen herstellte.

Allmählich aber breitete sich diese Anfechtung aus wie ein um sich fressender Rost. Es wurden mir auch im familiären und hausbackenen Gespräch alle die Urteile, die leichthin und mit schlafwandelnder Sicherheit abgegeben zu werden pflegen, so bedenklich, daß ich aufhören mußte, an solchen Gesprächen irgend teilzunehmen. Mit einem unerklärlichen Zorn, den ich nur mit Mühe notdürftig verbarg, erfüllte es mich, dergleichen zu hören, wie: diese Sache ist für den oder jenen gut oder schlecht ausgegangen; Sheriff N. ist ein böser, Prediger T. ein guter Mensch; Pächter M. ist zu bedauern, seine Söhne sind Verschwender; ein anderer ist zu beneiden, weil seine Töchter haushälterisch sind; eine Familie kommt in die Höhe, eine andere ist im Hinabsinken. Dies alles erschien mir so unbeweisbar, so lügenhaft, so löcherig wie nur möglich. Mein Geist zwang mich, alle Dinge, die in einem solchen Gespräch vorkamen, in einer unheimlichen Nähe zu sehen: so wie ich einmal in einem Vergrößerungsglas ein Stück von der Haut meines kleinen Fingers gesehen hatte, das einem Blachfeld mit Furchen und Höhlen glich, so ging es mir nun mit den Menschen und ihren Handlungen. Es gelang mir nicht mehr, sie mit dem vereinfachenden Blick der Gewohnheit zu erfassen. Es zerfiel mir alles in Teile, die Teile wieder in Teile, und nichts mehr ließ sich mit einem Begriff umspannen. Die einzelnen Worte schwammen um mich, sie gerannen zu Augen, die mich anstarrten und in die ich wieder hineinstarren muß: Wirbel sind sie, in die hinabzusehen mich schwindelt, die sich unaufhaltsam drehen und durch die hindurch man ins Leere kommt.

Ich machte einen Versuch, mich aus diesem Zustand in die geistige Welt der Alten hinüberzuretten. Platon vermied ich; denn mir graute vor der Gefährlichkeit seines bildlichen Fluges. Am meisten gedachte ich mich an Seneca und Cicero zu halten. An dieser Harmonie begrenzter und geordneter Begriffe hoffte ich zu gesunden. Aber ich konnte nicht zu ihnen hinüber. Diese Begriffe, ich verstand sie wohl: ich sah ihr wundervolles Verhältnisspiel vor mir aufsteigen wie herrliche Wasserkünste, die mit goldenen Bällen spielen. Ich konnte sie umschweben und sehen, wie sie zueinander spielten; aber sie hatten es nur miteinander zu tun, und das Tiefste, das Persönliche meines Denkens, blieb von ihrem Reigen ausgeschlossen. Es überkam mich unter ihnen das Gefühl furchtbarer Einsamkeit; mir war zumut wie einem, der in einem Garten mit lauter augenlosen Statuen eingesperrt wäre; ich flüchtete wieder ins Freie.

Seither führe ich ein Dasein, das Sie, fürchte ich, kaum begreifen können, so geistlos, so gedankenlos fließt es dahin; ein Dasein, das sich freilich von dem meiner Nachbarn, meiner Verwandten und der meisten landbesitzenden Edelleute dieses Königreiches kaum unterscheidet und das nicht ganz ohne freudige und belebende Augenblicke ist. Es wird mir nicht leicht, Ihnen anzudeuten, worin diese guten Augenblicke bestehen; die Worte lassen mich wiederum im Stich. Denn es ist ja etwas völlig Unbenanntes und auch wohl kaum Benennbares, das, in solchen Augenblicken, irgendeine Erscheinung meiner alltäglichen Umgebung mit einer überschwellenden Flut höheren Lebens wie ein Gefäß erfüllend, mir sich ankündet. Ich kann nicht erwarten, daß Sie mich ohne Beispiel verstehen, und ich muß Sie um Nachsicht für die Albernheit meiner Beispiele bitten. Eine Gießkanne, eine auf dem Felde verlassene Egge, ein Hund in der Sonne, ein ärmlicher Kirchhof, ein Krüppel, ein kleines Bauernhaus, alles dies kann das Gefäß meiner Offenbarung werden. Jeder dieser Gegenstände und die tausend anderen ähnlichen, über die sonst ein Auge mit selbstverständlicher Gleichgültigkeit hinweggleitet, kann für mich plötzlich in irgendeinem Moment, den herbeizuführen auf keine Weise in meiner Gewalt steht, ein erhabenes und rührendes Gepräge annehmen, das auszudrücken mir alle Worte zu arm scheinen. Ja, es kann auch die bestimmte Vorstellung eines abwesenden Gegenstandes sein, dem die unbegreifliche Auserwählung zuteil wird, mit jener sanft und jäh steigenden Flut göttlichen Gefühles bis an den Rand gefüllt zu werden. So hatte ich unlängst den Auftrag gegeben, den

Ratten in den Milchkellern eines meiner Meierhöfe ausgiebig Gift zu streuen. Ich ritt gegen Abend aus und dachte, wie Sie vermuten können, nicht weiter an die Sache. Da, wie ich im tiefen, aufgeworfenen Ackerboden Schritt reite, nichts Schlimmeres in meiner Nähe als eine aufgescheuchte Wachtelbrut und in der Ferne über den welligen Feldern die große sinkende Sonne, tut sich mir im Innern plötzlich dieser Keller auf, erfüllt mit dem Todeskampf dieses Volks von Ratten. Alles war in mir: die mit dem süßlich scharfen Geruch des Giftes angefüllte kühldumpfe Kellerluft und das Gellen der Todesschreie, die sich an modrigen Mauern brachen; diese ineinander geknäulten Krämpfe der Ohnmacht, durcheinander hinjagenden Verzweiflungen; das wahnwitzige Suchen der Ausgänge; der kalte Blick der Wut, wenn zwei einander an der verstopften Ritze begegnen. Aber was versuche ich wiederum Worte, die ich verschworen habe! Sie entsinnen sich, mein Freund, der wundervollen Schilderung von den Stunden, die der Zerstörung von Alba Longa vorhergehen, aus dem Livius? Wie sie die Straßen durchirren, die sie nicht mehr sehen sollen … wie sie von den Steinen des Bodens Abschied nehmen. Ich sage Ihnen, mein Freund, dieses trug ich in mir und das brennende Karthago zugleich; aber es war mehr, es war göttlicher, tierischer; und es war Gegenwart, die vollste erhabenste Gegenwart. Da war eine Mutter, die ihre sterbenden Jungen um sich zucken hatte und nicht auf die Verendenden, nicht auf die unerbittlichen steinernen Mauern, sondern in die leere Luft, oder durch die Luft ins Unendliche hin Blicke schickte und diese Blicke mit einem Knirschen begleitete! – Wenn ein dienender Sklave voll ohnmächtigen Schauders in der Nähe der erstarrenden Niobe stand, der muß das durchgemacht haben, was ich durchmachte, als in mir die Seele dieses Tieres gegen das ungeheure Verhängnis die Zähne bleckte.

Vergeben Sie mir diese Schilderung, denken Sie aber nicht, daß es Mitleid war, was mich erfüllte. Das dürfen Sie ja nicht denken, sonst hätte ich mein Beispiel sehr ungeschickt gewählt. Es war viel mehr und viel weniger als Mitleid: ein ungeheures Anteilnehmen, ein Hinüberfließen in jene Geschöpfe oder ein Fühlen, daß ein Fluidum des Lebens und Todes, des Traumes und Wachens für einen Augenblick in sie hinübergeflossen ist – von woher? Denn was hätte es mit Mitleid zu tun, was mit begreiflicher menschlicher Gedankenverknüpfung, wenn ich an einem anderen Abend unter einem Nußbaum eine halbvolle Gießkanne finde, die ein Gärtnerbursche dort vergessen hat, und wenn mich diese Gießkanne und das Wasser in ihr, das vom Schatten des Baumes finster ist, und ein Schwimmkäfer, der auf dem Spiegel dieses Wassers von einem dunklen Ufer zum anderen rudert, wenn diese Zusammensetzung von Nichtigkeiten mich mit einer solchen Gegenwart des Unendlichen durchschauert, von den Wurzeln der Haare bis ins Mark der Fersen mich durchschauert, daß ich in Worte ausbrechen möchte, von denen ich weiß, fände ich sie, so würden sie jene Cherubim, an die ich nicht glaube, niederzwingen, und daß ich dann von jener Stelle schweigend mich wegkehre und nach Wochen, wenn ich dieses Nußbaums ansichtig werde, mit scheuem seitlichen Blick daran vorübergehe, weil ich das Nachgefühl des Wundervollen, das dort um den Stamm weht, nicht verscheuchen will, nicht vertreiben die mehr als irdischen Schauer, die um das Buschwerk in jener Nähe immer noch nachwogen. In diesen Augenblicken wird eine nichtige Kreatur, ein Hund, eine Ratte, ein Käfer, ein verkümmerter Apfelbaum, ein sich über den Hügel schlängelnder Karrenweg, ein moosbewachsener Stein mir mehr, als die schönste, hingebendste Geliebte der glücklichsten Nacht mir je gewesen ist. Diese stummen und manchmal unbelebten Kreaturen heben sich mir mit einer solchen Fülle, einer solchen Gegenwart der Liebe entgegen, daß mein beglücktes Auge auch ringsum auf keinen toten Fleck zu fallen vermag. Es erscheint mir alles, alles, was es gibt, alles, dessen ich mich entsinne, alles, was meine verworrensten Gedanken berühren, etwas zu sein. Auch die eigene Schwere, die sonstige Dumpfheit meines Hirnes erscheint mir als etwas; ich fühle ein entzückendes, schlechthin unendliches Widerspiel in mir und um mich, und es gibt unter den gegeneinanderspielenden Materien keine, in die ich nicht hinüberzufließen vermöchte. Es ist mir dann, als bestünde mein Körper aus lauter Chiffern, die mir alles aufschließen. Oder als könnten wir in ein neues, ahnungsvolles Verhältnis zum ganzen Dasein treten, wenn wir anfingen, mit dem Herzen zu denken. Fällt aber diese sonderbare Bezauberung von mir ab, so weiß ich nichts darüber auszusagen; ich könnte dann ebensowenig in vernünftigen Worten darstellen, worin diese mich und die ganze Welt durchwebende Harmonie bestanden und wie sie sich mir fühlbar gemacht habe, als ich ein Genaueres über die inneren Bewegungen meiner Eingeweide oder die Stauungen meines Blutes anzugeben vermöchte.

Von diesen sonderbaren Zufällen abgesehen, von denen ich übrigens kaum weiß, ob ich sie dem Geist oder dem Körper zurechnen soll, lebe ich ein Leben von kaum glaublicher Leere und habe Mühe, die Starre meines Innern vor meiner Frau und vor meinen Leuten die Gleichgültigkeit zu verbergen, welche nur die Angelegenheiten des Besitzes einflößen. Die gute und strenge Erziehung, welche ich meinem seligen Vater verdanke, und die frühzeitige Gewöhnung, keine Stunde des Tages unausgefüllt zu lassen, sind es, scheint mir, allein, welche meinem Leben nach außen hin einen genügenden Halt und den meinem Stande und meiner Person angemessenen Anschein bewahren. Ich baue einen Flügel meines Hauses um und bringe es zustande, mich mit dem Architekten hie und da über die Fortschritte seiner Arbeit zu unterhalten; ich bewirtschafte meine Güter, und meine Pächter und Beamten werden mich wohl etwas wortkarger, aber nicht ungütiger als früher finden. Keiner von ihnen, der mit abgezogener Mütze vor seiner Haustür steht, wenn ich abends vorüberreite, wird eine Ahnung haben, daß mein Blick, den er respektvoll aufzufangen gewohnt ist, mit stiller Sehnsucht über die morschen Bretter hinstreicht, unter denen er nach den Regenwürmern zum Angeln zu suchen pflegt, durchs enge, vergitterte Fenster in die dumpfe Stube taucht, wo in der Ecke das niedrige Bett mit bunten Laken immer auf einen zu warten scheint, der sterben will, oder auf einen, der geboren werden soll; daß mein Auge lange an den häßlichen jungen Hunden hängt oder an der Katze, die geschmeidig zwischen Blumenscherben durchkriecht, und daß es unter all den ärmlichen und plumpen Gegenständen einer bäurischen Lebensweise nach jenem einem sucht, dessen unscheinbare Form, dessen von niemand beachtetes Daliegen oder -lehnen, dessen stumme Wesenheit zur Quelle jenes rätselhaften, wortlosen, schrankenlosen Entzückens werden kam. Denn mein unbenanntes seliges Gefühl wird eher aus einem fernen, einsamen Hirtenfeuer mir hervorbrechen als aus dem Anblick des gestirnten Himmels; eher aus dem Zirpen einer letzten, dem Tode nahen Grille, wenn schon der Herbstwind winterliche Wolken über die öden Felder hintreibt, als aus dem majestätischen Dröhnen der Orgel. Und ich vergleiche mich manchmal in Gedanken mit jenem Crassus dem Redner, von dem berichtet wird, daß er eine zahme Muräne, einen dumpfen, rotäugigen, stummen Fisch seines Zierteiches, so über alle Maßen liebgewann, daß es zum Stadtgespräch wurde; und als ihm einmal im Senat Domitius vorwarf, er habe über den Tod dieses Fisches Tränen vergossen, und ihn dadurch als einen halben Narren hinstellen wollte, gab ihm Crassus zur Antwort: »So habe ich beim Tode meines Fisches getan, was Ihr weder bei Eurer ersten noch Eurer zweiten Frau Tod getan habt.«

Ich weiß nicht, wie oft mir dieser Crassus mit seiner Muräne als ein Spiegelbild meines Selbst, über den Abgrund der Jahrhunderte hergeworfen, in den Sinn kommt. Nicht aber wegen dieser Antwort, die er Domitius gab. Die Antwort brachte die Lacher auf seine Seite, so daß die Sache in einen Witz aufgelöst wurde. Mir aber geht die Sache nahe, die Sache, welche dieselbe geblieben wäre, auch wenn Domitius um seine Frauen blutige Tränen des aufrichtigsten Schmerzes geweint hätte. Dann stünde ihm noch immer Crassus gegenüber, mit seinen Tränen um seine Muräne. Und über diese Figur, deren Lächerlichkeit und Verächtlichkeit mitten in einem die erhabensten Dinge beratenden, weltbeherrschenden Senat so ganz ins Auge springt, über diese Figur zwingt mich ein unnennbares Etwas, in einer Weise zu denken, die mir vollkommen töricht erscheint, im Augenblick, wo ich versuche, sie in Worte auszudrücken.

Das Bild dieses Crassus ist zuweilen nachts in meinem Hirn, wie ein Splitter, um den herum alles schwärt, pulst und kocht. Es ist mir dann, als geriete ich selber in Gärung, würfe Blasen auf, wallte und funkelte. Und das Ganze ist eine Art fieberisches Denken, aber Denken in einem Material, das unmittelbarer, flüssiger, glühender ist als Worte. Es sind gleichfalls Wirbel, aber solche, die nicht wie die Wirbel der Sprache ins Bodenlose zu führen scheinen, sondern irgendwie in mich selber und in den tiefsten Schoß des Friedens.

Ich habe Sie, mein verehrter Freund, mit dieser ausgebreiteten Schilderung eines unerklärlichen Zustandes, der gewöhnlich in mir verschlossen bleibt, über Gebühr belästigt.

Sie waren so gütig, Ihre Unzufriedenheit darüber zu äußern, daß kein von mir verfaßtes Buch mehr zu Ihnen kommt, »Sie für das Entbehren meines Umganges zu entschädigen«. Ich fühlte in diesem Augenblick mit einer Bestimmtheit, die nicht ganz ohne ein schmerzliches Beigefühl war, daß ich auch im kommenden und im folgenden und in allen Jahren dieses meines Lebens kein englisches und kein lateinisches Buch schreiben werde: und dies aus dem einen Grund, dessen mir peinliche Seltsamkeit mit ungeblendetem Blick dem vor Ihnen harmonisch ausgebreiteten Reiche der geistigen und leiblichen Erscheinungen an seiner Stelle einzuordnen ich Ihrer unendlichen geistigen Überlegenheit überlasse: nämlich weil die Sprache, in welcher nicht nur zu schreiben, sondern auch zu denken mir vielleicht gegeben wäre, weder die lateinische noch die englische, noch die italienische und spanische ist, sondern eine Sprache, von deren Worten mir auch nicht eines bekannt ist, eine Sprache, in welcher die stummen Dinge zu mir sprechen, und in welcher ich vielleicht einst im Grabe vor einem unbekannten Richter mich verantworten werde.

Ich wollte, es wäre mir gegeben, in die letzten Worte dieses voraussichtlich letzten Briefes, den ich an Francis Bacon schreibe, alle die Liebe und Dankbarkeit, alle die ungemessene Bewunderung zusammenzupressen, die ich für den größten Wohltäter meines Geistes, für den ersten Engländer meiner Zeit im Herzen hege und darin hegen werde, bis der Tod es bersten macht.

A. D. 1603, diesen 22. August. Phi. Chandos

Ilse Aichinger

Ein Brief

Und einer der zahllosen übrigen Briefe, die Sie, Herr von Hofmannsthal, an Aristokraten und vor allem Aristokratinnen schrieben, auch wenn Sie, Sohn eines Bankiers, sich nur in der Vorstellung als »jüngerer Sohn des Earl of Bath« fühlen konnten: Mehr durften Sie nicht, kein Jude konnte in der Monarchie in einen höheren Adels- oder Offiziersrang aufsteigen, auch mein Großvater nicht, der immer ein »Rechnungsunteroffizier« blieb, aber dergleichen Ränge kommen in Ihrem Werk nicht vor.

An diesem 22. August A.D. 1603 schonen Sie sich wenig. Mag sein, daß es an dem Tag liegt, dem etwas lächerlichen Datum, dem noch jungen Jahrhundert. Liegt es an den beiden Jahren Ihres »Stillschweigens«, die unversehens zwischen uns geraten sind, an den Plänen, die Sie, verzärtelt, verwerfen, zur Seite legen oder mit denen Sie spielen? Oder liegt noch etwas anderes zwischen uns: nicht nur zwei erfundene Jahre, sondern ein nicht erfundenes Jahrhundert, mit allem, was in diesem Jahrhundert geschah?

Sie sprechen von Erinnerung. Aber wer verzichtet nicht leicht und ohne Skrupel auf die angepriesene Schärfe seines Gedächtnisses, sobald sie ihm die Vergeßlichkeit nimmt, nach der er aus ist? Ich lernte die meine flüchtig in St. Ives kennen, aber ich will Sie damit nicht behelligen. Wieviel wissen Sie von Aberdeen, dem ich verfallen bin, von Privas, Albany oder St. Ives, wo die Vergeßlichkeit wächst? Sie ist dort groß, bewegt sich in unverkennbaren ovalen Nebelfeldern sacht auf und ab. Es wird angedeutet, daß die Erde hier fast noch eine Scheibe ist oder doch gleichgültig gegen ihre Form, anstandslos oder nicht. Die Vergeßlichkeit von St. Ives nimmt keine Rücksicht auf Ungerechtigkeiten, die Ertrunkenen, über die Sie in einem Gedicht mit »Manche freilich müssen drunten sterben« hinweggehen werden, würden hier auch gefallen, aber nicht für lange. Ein Junge aus St. Ives sagte mir: »Ich kann eine ganze Horde sein, wenn ich will. Ich allein. Ich bin dabei, weil ich mich nicht mehr erinnern muß, bin aus St. Ives.« Er bringt mich wieder zu Ihnen, ob er will oder nicht.

Wenn es richtig wäre, daß ich Ihnen zu Hilfe kommen will, so wäre es doch niemals »mehr als gütig«.

Gleich zu Beginn zitieren Sie Hippokrates. Was würden Sie aber von einem Hippokrates halten, der die ihm zugemuteten spielerischen Attitüden von einem Tag auf den andern nicht mehr zur Verfügung stellte? Der keinen und am wenigsten Sie danach fragte, ob er »noch derselbe« wäre, »an den Ihr kostbarer Brief sich wendet«, und dem sein eigenes »unbegreifliches Innere« nicht das geringste zu schaffen machte: dem die Traktate, die ihm täglich zugemutet werden, nie geläufig werden, der ganz anders ist als Sie?

Auch in den Fragen, die er nicht stellt, wäre Rhetorik, aber nicht diejenige, die gut ist »für Frauen oder für das Haus der Gemeinen«. Sagte nicht Ihr Kaiser, Herr von Hofmannsthal, Ungarisch sei »eine Sprache für Pferde«? Führte nicht der Kern dieser Bemerkung, daß er weder Ungarisch noch die Sprache der Pferde sprach und Lebewesen wie Völker nur benützte, zum Krieg? Gibt es auch eine Rhetorik für Pferde, eine für Frauen, eine für Gemeine?

Und da »brückenlose Abgründe« ohnehin, wie für jeden Arzt, seine Sache sind, könnte es ihm einfallen, Sie nach Ihrer Auffassung überbrückter Abgründe zu fragen. Und da ihm die Beigaben vertraut sind, die man seinen Schützlingen überläßt, wenn es um sie geschehen ist, wird ihn Ihre Ablehnung aller Beigaben noch lange nicht aus der Ruhe bringen, die man ihm zuschreibt und mit der seine Erscheinung verwechselt wird.

»Große Einheiten«, die Ihnen zerfallen, bedeuten ihm nichts, er nimmt sie, wenn es ihm paßt, und spielt sie wieder aus. Das spanische Zeremoniell wird ihm weniger fremd sein als die »Tölpelhaftigkeit« Ihrer jungen Bauern oder die Todesschreie der Ratten in den Kellern Ihrer Meierhöfe. Viel eher wird ihm die Szene mit Ihrer vierjährigen Tochter Katharina Pompilia ans Herz greifen, der Sie nach einer Lüge hastig den ewigen Nutzen der Wahrheit beibringen wollten, wobei Sie ins Schleudern gerieten.

Zu früh und viel zu spät ist Ihnen der Gebrauch der Wörter fragwürdig geworden. Sie haben sich auch nicht daran gehalten, sondern den Erfolg mit schönen Wörtern gesucht, Libretti eignen sich auch nicht für schlechte Wörter. Und hätten doch »religiöse Auffassungen keine Kraft« über Sie, der Sie im achtundzwanzigsten Jahr Ihrer Jugend erkannten, daß diese »durch meine Gedanken hindurchschießen, hinaus ins Leere«.

Doch bedenken Sie weiter die gefaßten Wörter. Und reiten Sie so selten wie möglich hinaus auf die Hutweide, um wieder einigermaßen zu sich zu kommen!

Feridun Zaimoglu

Lieber Freund,

ist man mit sechsundzwanzig Jahren ein anderer als der Kraftbub, aus dem – es sind ihrer viele, die sich erinnern, Menschen aus allen Etagen – vor einem Zehntel Leben ein Räubergroll hervorbrach, daß sich die mäßig begabten Dichterlurche nur so wanden? Es schlug den Zivilisten auf den Magen! Und manch einem Gecken, der doch nur im stillen dünne Entengrütze fraß, entfuhr ein Bauchwind, und er schrumpfte auf Erbsengröße. Die braven Soldaten der Hinhalteprosa, der erbärmlich banalen Kicherlieschen-Verse, die Glotzromantiker, die Pappygmäen, die Brummzänker und Latrinenschnäbel, die Herren in glänzendem Wams, das näschengepuderte Damenvolk – sie alle verloren die Contenance, und in den Momenten hohler

Entrüstung jagten sie auch ihre unorthodoxe Anschauung, auf die sie ja viel geben, hühopp zum Teufel! Sie, allein Sie, haben diese Bagage aufgemischt. Ihr Bubenstück war ein herrlich Ding, es gereichte mir zur Freude, aus ihrem Erstling ganze Absätze in Salonlautstärke aufzusagen, wenn die Feisten und Schlaksigen in Dichterzirkeln beieinanderlagen. Man schnitt mich Ihretwillen, man erbot mir keinen Menschengruß, man lud mich zum Schmaus nicht mehr ein. Pah! Was soll ich aus ihren Näpfen essen, in Knorpel in Aspik meine Gabel treiben, reine Galle saufen aus ihren Humpen! Bin ich denn nicht verdorben genug? Und genau darin – in unserer beider Verdorbenheit – sah ich Möglichkeiten, der Bürgerbitternis zu wehren. Denn mein Lieber, für die Lumpen der höheren Stände ist das Alter doch nur ein Vorwand: schnell, gar notstandhuberisch wickeln sie ihre Jugendgeschäfte ab, rasen zum mittleren Alter – und bleiben stecken drei Zehntel ihres Lebens. Sie ächzen und sie seufzen, sie beschnurren wie fette Kater die weißen Mäuse ihrer Säuferträume. Ein Gott befiehlt mir Gnade, doch ich habe der Gnade nicht! Meines Feindes Weh ist mir Lust, und der Bürger Erweckung ein triftiger Grund, das Weite zu suchen.

Nun, mein Lieber, auch Sie haben sich im stumpfen Winkel der Melancholie hingestellt und gaffen freudlos Löcher in die Luft. Das mag uns Dichtern wohl eignen, daß wir uns bisserl abseits halten wider allen heutigen Brauch. Der Gimpel orientiert sich an den üblichen Landmarken der Erkenntnis, wir aber wollen öfter keine Zeichen sehen und deuten. Unlängst sprach mich ein Kerl, den ich mir sehr gut als Höker pornographischer Druckwaren vorstellen kann, auf offener Straße an. Ich wollte meines Weges gehen, er schloß sich mir an und schwätzte manierlichen Patschkram, wer's Mäulchen aufreißt, harrt ja der Einladung nicht. Die Sitten haben den Kerl verdorben, er plärrte über die neuen Zeiten, als müßte er sich die Nase zuhalten angesichts eines stinkenden Leichnams. Ich ließ mich auf eine Parkbank fallen, er folgte leider meinem Beispiel, ich schlug die Beine übereinander, sein Blick ergötzte sich an meinem Schuh und verschwamm – im Ton des stimmbrüchigen Elitisten gab er bekannt, daß in den Rillen meines Sohlenprofils Herbstblätter hafteten und daß dies Bild ihm ein Bild von unvergleichlich poetischer Prägung öffnete. Herrgott noch mal, ich hätte ihn gleich am Bartzwirbel herrlich grob zupfen mögen, aber ich stand nur auf und verließ den Narr mit eiligen Schritten. Pah! Wie gut kenne ich mich darin aus, in all den Jahren ward ich nicht verschont von der Bürger-Subtilität, derzufolge sich Bild in Bild verschachtelt, bis einem die Augen aus dem Kopf fallen – die Bilderfolge vor des Bürgers geistigem Geierauge ist im Grunde nicht mehr als ein Striptease der Phänomene, die ihn – den vergafften Bürger – in die Enge treiben. In der freien Natur wird er ausgerechnet wilde Cannabisstauden pflücken und die Blätter unsortiert ins freiheitsgeile Maul stopfen, daß die Phantasien nur so kommen, wie über einen Idioten. Sie, mein Lieber, sind ein Nostalgiker des Spiritistenschunds geworden und brabbeln Beschwörungsformeln allerpfäffischster Sorte. Jedes Kind – das nicht von Unschuld, aber von Unwissen geprägt ist – wird Ihnen den Grad Ihrer Infektion erklären: Es ist, als sagte man ein Wort ein Dutzend Mal vor sich her: der Sinn verläßt das Wort und macht es zum Wicht. Seit wann haben Sie den Ehrgeiz, als Privatforscher Ihres Gemüsebeets zu dilettieren? Wollen Sie mich, uns, und alle Welt erfrommen mit dem Philosophen-Simsalabim, wollen Sie dies Leben, in dem wir stecken, als Gottes Durchfall verlästern? Welche Macht verlangt es? Welcher Zwang preßt Sie?

Ich verbiete Ihnen, daß Sie mit Ihren Expansivkräften haushalten! Auf jede Erhitzung folgt die Temperamentdämpfung, und der Extremist, der wir zu sein nicht nur vorgeben, muß sich in Zwischenzeiten im Verschwinden üben. Klingende Wort-Spiele ermüden mich, und da Sie, von Sinn und Zweck abgespalten, aus Relieffragmenten den »Zusammenhang« rekonstruieren, muß ich feststellen: Sie sind abgekommen von der Dichterlust, und das ist nicht verzeihbar. Träumen Sie weiter von platonischen Allianzen, ob Ihrer Verhexung werden die tumben Bürger Ihnen ihre Achtung nicht versagen. Sie spähen in die Fernen, die niedrig gesetzte Horizontlinie läßt den Himmel und überhaupt die Himmelsgewalten übermächtig einwirken, und also starren Sie auf einfachste Gebrauchsgegenstände und werden potz pardauz rührig gefühlig. Schneuzen Sie sich mal, Sie Jüngling, und tun Sie nicht so erwachsen. Es bleibt Ihr Geheimnis, wieso Sie die Abkehr von der Sachlichkeit schönmeckern. In der Theorie prallen Machtströme aufeinander, toben Kämpfe der Kontingente – das Fleisch aber, Sie Jüngling, blutet. Das Fleisch blutet: Schneiden Sie sich, und Sie werden sehen! Die sich einstellende Augentrübnis ist ein Vorbote der Ohnmacht, und dann fallen Sie um, denn der Schmerz ist unerträglich. Also noch einmal: Die Philosophie, diese Fleischattrappe, ist ein Tyrann, und Sie sind eines grausamen Protektors Günstling. Die Aufgeklärten sagen: Unsere Beine sind für die Ebene geschaffen! Die Metaphysiker sagen: Auf den Höhen ist unser verwaistes Medium! Die Bauern sagen: Kommt Zeit, kommt Ernte! Die Besoffenen sagen: An der nächsten Flasche komme ich nicht vorbei! Und was sagen wir Dichter? Gar nichts, wir schreiben.

Mein Lieber, Sie sind ein Collagist, ein Souvenirjäger, ein vermiezter Vanilleputzi, ein Meditationskünstler, ein Entleerungsmonstrum, ein mit luxuriösen Ideen tauziehender Billigmelancholiker: mir wollen die Schimpfnamen nicht ausgehen. Ob Ihrer Devotie muß ich gähnen. Stellen Sie sich vor, Sie haben mich zum Gähnen gebracht.

Übrigens habe ich dieses »Sie« satt. Könntest Du bitte endlich wieder schreiben?!!

Ich verbleibe trotzdem
Dein Freund

Feridun Zaimoglu

James Salter

Das Schweigen des Lord Chandos

Die Post ist langsam. Der Brief des Lord Chandos, erfüllt von der Angst eines jungen Menschen und geschrieben in der Hitze eines Sommers, erreichte mich mit hundert Jahren Verspätung, und nach mehrmaliger Lektüre mußte ich sofort an das Wort Wellingtons denken (oder war es Napoleon, sein großer Kontrahent?), daß sich die meisten Briefe nach zwei Wochen von selbst erledigt haben. Bei dem Brief des Lord Chandos hätte man wohl eine etwas längere Frist ansetzen sollen.

Daß dieser fiktive Brief aus dem Jahr 1603 eine so große Wirkung hatte, ist bemerkenswert. Offensichtlich traf er das Gefühl seiner Zeit – ein wichtiger, vielleicht der wichtigste Faktor für den Erfolg von Büchern, Kompositionen oder Ideen. Er gilt als das Manifest eines Verstummens, weil er die Verzweiflung über den Verlust der Sprache ausdrückt. Irgendwo bei

Gide findet sich die Bemerkung, daß es vornehmer Naturen unwürdig sei, die eigene Verwirrung vor anderen auszubreiten, und zumindest in dieser Hinsicht wird Chandos seiner aristokratischen Herkunft gerecht, was immer man darunter verstehen mag.

Ach, die Melancholie der romantischen, empfindsamen Jugend! Die einsamen Bergwanderungen und Spaziergänge am Meer, das tagelange lustlose Herumliegen. Wenngleich Chandos sich seine Malaise nicht erklären kann, scheint diese Untröstlichkeit von der Natur programmiert. Bildung kann diesen Zustand nicht verhindern, mag einen sogar noch empfänglicher machen. Chandos hat eine Art Trennlinie erreicht, für ihn gibt es keinen Weg mehr zurück zu dem alten Leben, der Begeisterung, den Vergnügungen. Er ist talentiert, kann sich aber nicht mehr dazu durchringen, sein Talent zu nutzen. Er ist nach wie vor pflichtbewußt, innerlich aber gleichgültig, wie betäubt. Wer etwas älter und mit diesen Symptomen vertraut ist, sieht in ihm vielleicht nur einen Menschen, der bereit ist, sich zu verlieben und die Inspiration oder den Mut wiederzufinden, wunderschöne Dinge zu schreiben. Chandos hat Frau und Kinder, aber wie die meisten Männer würde er wahrscheinlich alles geben, um sich noch einmal auf die Suche zu machen.

Er will, wie er sagt, in das Innere der Dinge dringen. Er ahnt, daß es eine ordnende Kraft, einen Gemütszustand gibt, in dem sich alles erklärt, doch die Begriffe entziehen sich ihm. Es sind kleine, alltägliche Dinge, eine vergessene Gießkanne, ein Hund in der Sonne, ein moosbewachsener Stein, die ihm etwas mitteilen wollen. Chandos möchte wissen, was das alles ist und warum es existiert – eine einfache Frage, auf die es keine Antwort gibt. Tschechow ist recht vernünftig mit dieser Frage nach dem Sinn des Lebens umgegangen. Er meinte, daß man genausogut fragen könne, worin der Sinn einer Möhre bestehe. Eine Möhre sei eine Möhre, und mehr gebe es dazu nicht sagen.

Die Bilder, die Chandos bewegen und ihn mit Sehnsucht, Begeisterung, Ehrfurcht oder Verzweiflung erfüllen, die Gegenstände, die hinter einem Fenster zu sehen sind oder im Sonnenlicht einzigartig und heilig erscheinen, Dinge, die nicht zu ihm sprechen können, auch wenn er sie unbedingt sprechen hören will – diese Dinge sind der Stoff aller Dichter, ja des Lebens überhaupt, sie verschwinden erst, wenn die Erinnerung, der sie eingeschrieben sind, allmählich verblaßt, ins Wanken gerät und plötzlich zu Nichts wird – dann löst sich die Welt *tatsächlich* auf, die Erinnerung geht für immer verloren, und es bleiben nur noch die aufgezeichneten oder niedergeschriebenen Worte.

Hätte Chandos seinen Brief in späteren Jahren geschrieben, sagen wir mit vierzig, wäre es der Tod gewesen, der Zerstörer von allem, an dem er unerträglich gelitten hätte. Darauf antwortet Buddha: Alles ist vergänglich, von allem, was man liebt, muß man sich lösen.

Als junger Mann, vor seinem sechsundzwanzigsten Jahr, hatte Chandos hübsche, von Heiterkeit erfüllte Schäferspiele geschrieben. Dann legten sich Schatten über das friedliche Land, ein dunkler Streif erschien am Horizont. Chandos erlebt diese fürchterliche Krise. Vielleicht wird er sie überwinden, vielleicht auch nicht. Vielleicht wird er, wie Pascal, eine Offenbarung erleben, die sein Dasein von Grund auf verändert, eine Ekstase, die ihm augenblicklich Klarheit bringt, anders gesagt, in der er Gott teilhaftig wird.

Chandos' Brief ähnelt dem Abschiedsbrief eines Selbstmörders, der eine Antwort ersehnt und zugleich zurückweist. Chandos ist jung, er leidet an den Kümmernissen der Jugend. Später im Leben wird es andere Probleme geben. Irgendwann wird er alles wissen, nicht die Dinge, die niemand wissen kann, aber den Rest. Die Vorstellung, den Sinn aller Existenz verstehen zu wollen, wird ihm ebenso töricht erscheinen wie der Rückzug in die Sprachlosigkeit, sofern er nicht gerade Samuel Beckett ist. Sein großes Gedicht oder Libretto wird er mit Worten schreiben, und seinen Kindern wird er mit Worten den richtigen Weg zeigen.

Verehrter Lord Chandos,

es ist nur Formsache, wenn ich hiermit auf einen Ruf antworte, der schon vor langer Zeit verklungen ist.

Aus der Beobachtung der Natur wissen Sie, daß überall ein Schatten hinfallen kann, so daß selbst kräftige Organismen verkümmern oder eingehen. Warum das so ist, verstehen wir vielleicht nicht. Wie ein Fieber, das den Reisenden in einem fernen Land befällt, in dem es weder Medikamente noch Ärzte gibt, verschwindet dieser Schatten von ganz allein oder auch nicht.

Genauso verhält es sich mit Ihrem Kleinmut und Ihrer Kraftlosigkeit. Ratschläge werden Ihnen keine Hilfe sein, Vorbilder keine Orientierung bieten. Irgendwann werden Sie da herauskommen, etwas wakkelig, aber unversehrt, oder Sie werden weiter leiden, und alles, was Sie einmal besaßen, wird unerklärlich verloren sein.

Der Weg des Schweigens, den Sie eingeschlagen haben, ist kein Naturgesetz und auch kein Zeichen von Kampfeswillen, sondern von Selbstaufgabe. Niemand wird Sie dafür preisen. Das völlige Verstummen kommt früh genug. Oder vielleicht werden Sie, wie der Dichter sagt, mannhaft aufstehen und Schluß machen, wenn es Ihre Seele ist, an der Sie leiden.

(Aus dem Englischen von Matthias Fienbork)

Georg Klein

Die große Lord-Chandos-Roßkur

Brief an einen blockierten Kollegen

Wer heutzutage mit dem Verfertigen von Literatur beschäftigt ist, kennt zwangsläufig andere, die auch schreiben. Und jeder, der sich dabei plagen muß, weiß, daß sich vielerorts viele wie er von Zeile zu Zeile quälen. Selbst der, der restlos paralysiert vor der Tastatur seines PC sitzt, kann davon ausgehen, daß bundes- und weltweit ähnlich Leidgeprüfte zuletzt an der Sprache selbst verzweifeln und gleich ihm ein Königreich für ein Patentrezept gegen ihre Schreibblockaden gäben.

Nun, ich kenne eines! Zumindest für jeden betroffenen Geschlechtsgenossen unter den so Gelähmten habe ich das gesuchte Wundermittel parat.

Lieber Kollege,

falls Du, von subtilen Skrupeln geschüttelt, wirklich nicht mehr weißt, aus welchem Finger Du Dir einen weiteren Roman oder auch nur den Mut für seine erste Zeile saugen sollst, es kann Dir durchaus geholfen werden. Du mußt Dich nur meiner Lord-Chandos-Kur unterwerfen, die allerdings, ich sage es freiheraus, eine rechte Roßkur ist. Aber wenn Du willst, daß Dein Pegasus wieder fliegt, solltest Du, Poesie hin, Poesie her, ausnahmsweise einmal nicht so empfindlich, nicht so schrecklich professionell empfindsam sein.

1. Schritt der Lord-Chandos-Kur:

Besorg Dir den sogenannten Chandos-Brief, die Erzählung *Ein Brief* von Hugo von Hofmannsthal. Ich rate zum Internet, auf der Webseite der Mauthner-Gesellschaft findest Du ihn, isoliert von anderen Texten des Meisters, zum Gratis-Herunterladen. Druck ihn in einer gut lesbaren Schrift aus! Schneide den Kopf des ersten Blattes mit dem Portrait Hofmannsthals ab und vernichte den Schnipsel zusammen mit dem wahrscheinlich versehentlich mitausgedruckten Nachwort!

2. Schritt der Lord-Chandos-Kur:

Verwandele Deine Dichterklause für 12 Stunden in eine Chandos-Kur-Zelle, indem Du die üblichen Schlupfwege aus dem Schreiben unbegehbar machst: Trenne Deinen PC, das Telefon und das Fax von der ISDN-Buchse, mach desgleichen Fernseher, Musikanlage und Spielkonsole unbenutzbar! Schaff alle Druckwerke, Text wie Bild, aus dem Raum! Nur der Chandos-Brief in der oben beschriebenen Form darf bleiben. Beseitige ebenso alle Drogen, mit deren Hilfe Du bislang Dein Werk beziehungsweise dessen Vermeidung befördert hast! Keinen Kaffee, kein Bier, keinen Wein, keine Zigaretten, keine Schokolade, keinen Nasenpuder! Für 12 Stunden müssen Dir Wasser, trocken Brot und der Chandos-Brief genügen.

Deine Lebensgefährtin, deren Fürsorge Du bisher dazu mißbraucht hast, das ewige Sorgenkind, Deine Schreibkrise, zu hätscheln und zu päppeln, kann sich nun um deren radikale Beseitigung verdient machen. Sie soll die Tür Deiner Kur-Zelle für besagte 12 Stunden von außen verschlossen halten.

3. Schritt der Lord-Chandos-Kur:

Beginn damit, Dir Chandos vorzulesen! Du darfst schreien, murmeln, flüstern. Du kannst Wörter verschlucken oder vernuscheln, Du darfst sämtliche Sätze verkehrt betonen. Zerleiere meinetwegen jeden Zusammenhang oder stoß, wenn Dir eher nach Stimmung ist, ins pathetische Horn wie bei den Salzburger Festspielen! Die Vortragsweise ist, um es alpenländisch grob zu sagen, wurscht. Das einzige, aber absolut unumgehbare Gebot heißt: Lies Dir den Text laut vor, bring Dir den Chandos-Brief Hugo von Hofmannsthals selbst zu Gehör!

Sei unbesorgt, der Kerl war wie Du vom Fach. Es erwartet Dich Prosa erster Güte, raffiniertes Räsonnement, ein Stil, der jagdhundscharf anschlägt, um schon im nächsten Halbsatz so seidenzart zu zerrascheln wie der Schlafrock eines Lords. Nichts eignet sich besser zum Hadern mit der Sprache als eine Sprache, die so possierlich die Fäustchen zu ballen und dann gleich wieder graziös den kleinen Finger abzuspreizen weiß. Vermutlich wirst Du zunächst begeistert sein und Dir den Chandos-Brief, wie es die Kur verlangt, nach einem kurzen Räuspern und einem Schluck Mineralwasser, nun mit entspanntem Vergnügen, ein zweites Mal zu Gehör bringen. Vielleicht findest Du sogar Gefallen an der eigenen Vortragskunst und bedauerst, daß Dir hier, im Abseits der Kur-Zelle, niemand zuhören kann.

Im Lauf der Stunden, nach dem ersten, spätestens nach dem zweiten Dutzend Deiner Vortragsrunden, wird sich allerdings Heiserkeit einstellen. Auch mit Schluckbeschwerden oder, was noch schlimmer ist, mit einem kurztaktigen Schluckauf mußt Du rechnen. Etwa zeitgleich bilden sich in der Regel die Überzeugung, einen solchen Brief eigentlich viel besser schreiben zu können, und eine tiefe Verärgerung darüber, daß einem ausgerechnet dieser schnöselige Hofmannsthal damit zuvorgekommen ist. Langsam erweist sich die Chandos-Kur als Ochsenkur. Und keinem, der sich ihr bedingungslos unterwirft, bleibt die brachialste Beschwernis, ein mörderischer Brechreiz, erspart. Halte deshalb für die Abschlußphase einen Eimer oder eine feuchtigkeitsfeste Tüte bereit!

Vierter und letzter Schritt der Lord-Chandos-Kur:

Du hast zwölf einsame Stunden durchgestanden. Dafür gebührt Dir mein halber kollegialer Respekt! Und auch die zweite Hälfte meiner Anerkennung kommt Dir zu, wenn Du nun die noch fehlenden Schritte in ein neues Autoren-Dasein tust: Verschling den Chandos-Brief! Dein gereizter Gaumen, Dein sensibilisiertes Rachenzäpfchen, Dein trockener Schlund mögen Einspruch erheben. Das verfluchte Ding – längst haßt Du Hofmannsthal und alle seine Werke! – muß hinunter! Ist auch dies vollbracht, begibst Du Dich unverzüglich an Dein Schreibgerät.

Aber Vorsicht! Eine allerletzte Gefahr droht! Jetzt, wo Dir jede Art von Chandos-Brief, aus welcher Feder auch immer, ein Greuel geworden ist, jetzt mußt Du gegen eine besondere Versuchung gefeit sein. Schreib, was Du willst, einen neuen Roman, Deine Autobiographie, einen Sonettenkranz, ein Versepos, meinetwegen auch ein Pamphlet gegen Deinen arroganten Kollegen G. K., aber verfasse jetzt um Gottes willen keinen Anti-Chandos-Brief! Der elitäre Sprachzweifel, dieser alberne und kokette Geck, ist, sobald man ihn aus dem Fenster geworfen hat, doch immer schlau und kaltblütig genug, um einem durch die Hintertür wieder ins Haus zu schlüpfen.

Versteh mich nicht falsch, endgültig loswerden wirst Du diesen Dandy wahrscheinlich nie. Denn leider Gottes gehört er in unauflösbarer Blutsverwandschaft zu der Sippe, die da kollektiv in Dir schreibt. Wie einen mißratenen Cousin, der sich regelmäßig in den Vordergrund spielt, um, halb miesepetrig-verstockt, halb wehleidig-geschwätzig, den anderen manch froh begonnenes Fest zu verderben, kann man ihn nicht aus der Familienrunde verbannen.

Soll er doch in Zukunft im Hintergrund jammern. Schenk ihm gelegentlich einen mitfühlenden Blick und ein Schulterklopfen, aber gib ihm nicht einmal den kleinen Finger Deiner Schreibhand, und laß Dich nie mehr auf ein Tänzchen mit ihm ein! Heutzutage kann sich die Literatur diese Pirouetten, die Endlosschleifen des Sprachzweifels, nicht mehr leisten. Der noble Anspruch, den Zeitgenossen in diesem Tonfall etwas vorzudenken, ist in den medialen Stürmen des letzten Jahrhunderts zum Dünkel einer überprivilegierten Kulturkaste verkommen.

Die Kur ist zu Ende. Sei kein Lord! Schreib!

Nachtrag/Haftung:

In seltenen Fällen kann die Lord-Chandos-Kur versagen. Wenn dies nachweisbar der Fall war, übernimmt der Verfasser der vorliegenden Zeilen die entstandenen Kurkosten, allerdings nur bis zur Höhe des Kaufpreises dieses Buches.

Bevor Du jedoch solche Ansprüche geltend machst, bedenk bitte folgendes: Auch in dem Fall, wo die Kur keine neue Autorschaft zu schenken vermag, kann sie zumindest zu der schlichten Erkenntnis verhelfen, daß ein Autor-Sein sein natürliches Ende erreicht hat. Nirgends steht geschrieben, daß einer sein Leben lang Schriftsteller bleiben muß.

Das könnte ein Grund zur Freude sein! Abseits des Schreibens steht einem eine ganze Welt offen: Hofmannsthal-Rezitator, Roß- oder Jagdhundzüchter, Schlafrockdesigner! Dies wären nur vier willkürlich herausgegriffene Beispiele aus der Fülle der ehrenwerten Betätigungen, die Du und ich gegebenenfalls ins Auge fassen sollten. Ja, sogar so etwas Ähnliches wie Lords könnten wir beide noch werden, wenn uns, wortgewandt und zäh, wie wir als ehemalige Autoren immer noch wären, die Einheirat in ein Adelshaus glückte!

Thomas Hettche

```
Von: Thomas Hettche <thomas@hettche.de>
Datum: Wed, 15 May 2002 11:14:33 +0200
An: Lord Chandos <p.chandos@earlofbath.uk>
Betreff: Frage
```

Lieber Lord,

eigentlich bin ich ja am Kochen, aber gerade ist mir wieder eingefallen, was ich Sie schon eine ganze Weile gerne einmal fragen wollte. Nichts Aufwendiges – mein Abendessen, mein' ich, einfach Champignons, in Scheiben geschnitten, in der Pfanne gedünstet und mit Sahne abgelöscht. Das kocht jetzt, während ich Ihnen maile, gerade ein. Dazu wird es Tortellini geben, aus eigener Herstellung meines Supermarktes, doch, die machen so was jetzt. FATTO IN CASA steht auf dem

Plastiknäpfchen über dem Verfallsdatum. Die Nudeln sind mit Spargel gefüllt, glaub' ich. Ist ja jedenfalls die Zeit. Waren Sie mal im Palais de Tokyo in Paris? Gehen Sie nicht hin! Diese kubistischen Taschenspielertricks sind unerträglich. Aber gerade dort kam mir ein Gedanke, zu dem ich gern Ihre Meinung wüßte. Es schien mir plötzlich ganz jämmerlich, Collagen aus lang vergilbten Zeitungs- und Tapetenschnipseln zu musealisieren. Cui bono? Wäre nicht endlich ein transitorisches Verständnis der Avantgarden angebracht? Sie wissen, welche Wirkung Ihr berühmter Brief entfaltet hat: Meinen Sie nicht, daß Ihre besondere Profession, sensibler als andere auf Ihre Zeit zu reagieren und damit avant garde zu sein, viel mit Mode gemein hat? Und sollten wir in unseren geistigen Schaufenstern die Säulenheiligen nicht endlich durch Kleiderpuppen ersetzen? Stellen Sie sich vor: Jede Kanonisierung wäre mit einem Schlag überflüssig, all die Verwalter der Bestände arbeitslos, und ein Recht zum Umgang mit Ideen hätte nur der, der sie wie neu über den Laufsteg schickte! Und natürlich der, der sie trüge wie eine zweite Haut. Eine Weile lang. Beim Wiederlesen Ihres Briefes schien es mir, als müßte das ganz in Ihrem Sinn sein, lieber Lord Chandos. Denn wer, außer den genannten Verwaltern der Kultur, hat eigentlich ein Interesse daran, daß nicht endlich Ernst gemacht wird mit der Flüchtigkeit, von der Sie so wundervoll schreiben? Angst vor dem Tod ist doch einzig deren Sache und nicht Ihre. Wir sind nicht mehr als ein Taubenschlag, schrieben Sie einmal … Aber genug – inzwischen sollte sich die Soße selbst ausreichend reduziert haben, da will ich diese Mail nicht unnötig aufblähen. Sollten Ihnen meine Fragen in dieser Zeit der Festreden zum Jahrestag Ihres Werkes nicht ganz ungehörig scheinen und Sie vielleicht sogar Gelegenheit zu einer Antwort finden, würde mich das natürlich sehr freuen. Zum Nachtisch gibt es übrigens Erdbeeren. Auf dem Markt habe ich welche entdeckt, die sind ganz frisch und süß.

MfG,

Ihr Thomas Hettche

Jenny Erpenbeck

Mein lieber Lord Chandos,

wie einen Pfeil sehe ich Sie tief in den Dingen steckengeblieben, der Eifer und die Geschwindigkeit Ihrer Gedanken haben Sie mitten hineingetrieben, so daß es für Sie, wie ich Ihrem Brief entnehme, keine Möglichkeit mehr gibt, den Abstand wiederzugewinnen, der Ihnen eine menschliche Betrachtung dieser Dinge ermöglicht. Wie einem im Fieber ja manchmal die ungeordnete Bettdecke als ein Gebirge erscheinen kann, das unüberwindlich ist und einen schon ganz und gar erschöpft hat – so sind Ihnen, scheint mir, durch allzu intensive Betrachtung die Fassaden der Sprache zerbrochen, ist der Boden der Worte unter Ihnen weggesunken, sind Sie gleichsam durch diesen unsicheren Grund hindurch, der nichts Greifbares zu Ihrer Rettung bereithielt, in stumme Gefilde hinabgetaucht, in denen Ihnen jetzt das Atmen schwer wird. Sie beschreiben mir Ihren nach wie vor geregelten Tagesablauf unter den Menschen mit Kälte, so als hätten Sie bei Ihrem Sturz allein Ihre Hülle an der Erdoberfläche zurückgelassen, und erstaunen sich nur darüber, daß so wenig ausreichen soll, um die anderen darüber hinwegzutäuschen, daß sich unter der Hülle eine Maschine verbirgt, längst nicht mehr Sie selbst.

In den wenigen glücklichen Momenten aber, von denen Sie mir berichten, fühlen Sie sich, sagen Sie, mit einer Art von Erkenntnis begabt, die nichts Menschliches an sich hat, fühlen sich als Kreatur unter Kreaturen, beraubt der Fähigkeit, wie gleichwohl enthoben der Notwendigkeit, Ihre Eindrücke von sich loszureißen und auf Papier zu bannen. Lassen Sie mich Ihnen gestehen, daß ich Sie beneide – Sie beneide darum, daß Sie Worte und Pläne hinter sich gelassen haben. Sie nennen es »Kleinmut und Kraftlosigkeit« Ihres Geistes, was Sie befallen hat – ich aber empfinde deutlich, daß es eben gerade jene Demut und Schwäche sind, die Ihnen ermöglichen, um vieles näher am Grund von allem Ihre Beobachtungen anzustellen, Sie eben so »klein« und »schwach« machen, daß Sie, gleichsam mit der Perspektive eines Insekts begabt, über die löchrigen Mauern einer Moral hinkriechen, die so vielen von uns als glatt und maßvoll erscheint, Ihnen aber als eine ungeheure Anhäufung von Trümmern entgegensteht, wie einer Fliege, die tausend Augen in einem hat. Ich beneide Sie darum, daß Sie des Urteilens ledig geworden sind, weil die allzu genaue Wahrnehmung dessen, was ist, Ihre Gedanken wie einen Strahlenkranz in alle Richtungen auseinanderzieht. Mögen es auch nur wenige Momente sein, die Sie für die Ihnen auferlegte seelische Einsamkeit entschädigen, so scheint es Ihnen immerhin in diesen Momenten zu gelingen, die enge Menschenhaut, in die unsereins eingesperrt ist, auf das Maß einer Welt auszudehnen und das Schöne wie das Schmutzige gleichwohl in sich aufzunehmen, so wie es auch in der Wirklichkeit gleichwohl nebeneinander besteht.

Oft genug gibt es ja jene, die über den Rand ihrer Sprache nicht hinaussehen, sich an dem Gefäß der paar armseligen Worte, die ihnen gegeben sind, den Kopf einrennen, bis ihr Schmerz umschlägt und sie den Topf, in dem sie hausen, zum Paradies erklären. Und jemand, der mit hellerem Verstand begabt ist, vermag wohl leicht die anderen an den Worten wie an einer Leine vorzuführen und mit ihnen zu veranstalten, was er will – eben weil er weiß, daß gerade schwache Naturen sich gern auf die vagen Gefühle betten, welche die Worte wie Gallert umgeben; jemand, der um sein Fortkommen bemüht ist, wird die Worte einsetzen wie ein geschickter Feldherr seine Soldaten – säuberlich stellt er sie in einer Reihe auf, so daß sie ihm Deckung bieten, und erringt dann aus dem sicheren Hinterhalt seinen Sieg, selbst unverletzt; und mancher begibt sich in Momenten, in denen er nicht erkannt werden kann, der menschlichen Sprache, stürzt sich mit Lust in die tierische Dumpfheit der Dinge und mißdeutet das noch für Freiheit. All diese, die gemeinhin als klug gelten, schneiden in Momenten, da es ihnen nötig erscheint, die Sprache von sich ab, wie von einem Stück Speck die Schwarte, bleiben jedoch durch das, was ich ihren Hunger nenne, Unfreie.

Auch Sie verabschieden sich in Ihrem Brief von den Begriffen der Menschen – aber weder aus Geistesarmut, wie die ersten, die ich aufgeführt habe, noch aus taktischen Erwägungen, wie die letzteren. Sie gehen fort, anders als alle, die ich kenne, hinaus auf ein Gebiet, das leer ist, auf dem es keine Wege gibt, über das der Wind pfeift, Sie haben die Speisen der Menschen aufgegeben, aber auch ihren Hunger verloren. Das eben ist es, was Sie mir in beneidenswertem Sinne unmenschlich erscheinen läßt.

Wie lange die Maschine, die Sie an Ihrer Statt zurückgelassen haben, noch funktionieren wird und funktionieren soll, ist nunmehr uninteressant – aber dem, der jetzt Sie ist, wünsche ich, daß er an dieser Leere nicht verzweifeln möge, durch die er gehen muß, um der neuen, anderen Sprache zu begegnen, die dort wohnt, dieser stummen Sprache, die keine Ordnung kennt und keine Täuschung.

So wird die kommende Zeit, in der ich von dem, der Sie waren, kein Werk mehr lesen und keine Briefe mehr erhalten werde, gut angewandt sein.

A. D. 1603, 28. August. Francis Bacon

Bruno Richard

Hochwerter Lord,

nach langem Zögern will ich auf den offenen Brief reagieren, den Ihr wortgewandter Sekretär an den alten Franz Speck geschrieben hat. Mir hat es bisher immer an Zeit und Gelegenheit gefehlt, mich mit den höheren Sorgen zu beschäftigen, die dort über die Seiten tänzeln. Ich gehörte nie zur Entourage dichtender Landjunker, zum akademischen Gefolge ästhetisierender Bankierssöhne, obwohl auch ich den vielbesuchten Gemeinplatz kenne, an dem die Pilze vermodern. Die oft beschwatzte Stelle ist seit jeher in Universitäten besonders beliebt gewesen. Unaufhörliches Kommentieren raunt in den Seminaren dem überberedten Lob des Verstummens nach – wie das Echo im steinernen Ohr des Dionysos auf Sizilien den Touristenstimmen.

Das geistige Händchenhalten zwischen Kanonflüsterern und sensiblen jungen Leuten, die Wert darauf legen, sich unverstanden zu fühlen, wirkt stets ein wenig komisch, und der Flirt zwischen besoldeter Schwermut und vielversprechendem Zweifel am Sinn ist immer etwas matt. Ach, Allverschmelzung mit Muränen, o tiefbewegtes Rattenvergiften. Ich habe in meinen Studienjahren traumäugige Dichter gekannt, die ihrem Nimbus lebten, Genies waren und nie einen Satz zu Ende schrieben. Nachdem sie die Pilz- und Poesievergiftung ihrer Jugendzeit überstanden hatten, wuchsen sie sich zu erfolgreichen Tatmenschen aus. Und hat nicht, werter Lord, sogar Ihr aristokratischer Kollege Hamlet eines Tages nicht mehr »Worte, Worte« gestöhnt, sondern dem bösen Stiefpaps das Rapier in den Bauch gerammt?

Aber soviel Theater wird selten gemacht. Die jungen Dichter streifen den unpraktischen Glauben an die Unglaubwürdigkeit der Worte einfach ab, häuten sich zu Journalisten oder Werbetextern und bekehren sich zur Ironie. Diese schlimmste aller intellektuellen Tugenden ist die Asche der Geniefeuer ihrer Jugend. Zwar erinnern sie sich noch daran, wie die Worte im Munde zerfielen wie modrige Pilze; und sie spüren, wie durch die hübsch gesagte Klage der Kinderwunsch bettelt, die Namen möchten wieder zu den Dingen passen. Aber nun, da sie erwachsen geworden sind, ziehen sie der Sehnsucht nach dem Paradies adamitischer

Namengebung den festen Griff der Worte vor, mit dem sie die Dinge packen und aus der Welt reißen. Nicht aufs Bedeuten, aufs Bewirken kommt es an.

Wieder andere sind ihren Überzeugungen treu geblieben und hören nicht auf zu sagen, daß man nichts sagen kann; daß die Werte keinen Wert haben; daß die großen Erzählungen tot sind, und die kleinen auch; daß in den Virtualisierungen der Medienwelt der Schein selbst zum leeren Platz des Authentischen wurde. Simulakrakadabra. Aber spielen sie, alles in allem, nicht die gleichen Maskenspiele wie die Ironiker, nur mit mehr apokalyptischem Feingefühl? Und wer will sich die Maske schon vom Gesicht reißen, wenn die Haut daran klebenbleibt?

Und dann gibt es da, wie in jeder Epoche, noch die feinen Herrchen, die fest entschlossen sind, bis ins hohe Alter auf dem neuesten Stand der Verzweiflung zu bleiben. Über die aber will ich nicht sprechen, so wenig wie über Götterlieblinge und Frühvollendete, die reif sind, bevor sie erwachsen werden, und denen die Eselsohren der Altklugheit durch die Lorbeerkränze spitzen.

Werter Lord, was fällt, soll man stoßen. In der Kunst wie im Gewerbe zeigt sich schon in der zweiten, spätestens in der dritten Generation einer ästhetischen beziehungsweise ökonomischen Erbfolge ein Nachlassen der Spannkraft, eine manchmal rührend feingliedrige Ermüdung, in der Haltung und Haltlosigkeit sich endzeitlich verzwittern. Wie man im Übermaß des Stolzes Aufstieg und Erfolg vor allem der eigenen Tüchtigkeit und dem eigenen Genie zuschrieb, so prunkt man im Verfall mit Morbidezza und Blasiertheit. Je nach Epoche trägt man rote Fäden um den Hals, wie die jungen Aristokraten im jakobinischen Paris, läßt Schildkrötenpanzer mit Edelsteinen besetzen, wie später Des Esseintes, oder löst sich ins mediale Image auf, wie es die Dressmen unter den Autoren unserer Zeit so gut verstehen. Und immer werden die eleganten Beschwerden, die so künstlerisch wertvoll auf der Seele liegen, mit den Nöten der Welt verwechselt. Wie der Narr, der die Stimmen der anderen nicht hören kann, wenn er seine Schellenkappe schüttelt, bleibt man taub im Lärm, den man um sich selber macht.

Und nun, werter Lord, will ich Sie zum letzten Mal grüßen und zurück an meine Arbeit gehen.

Ihr Bruno Richard

An Lord Chandos.

Ein Fax aus der Zukunft

Dieses unbegreifliche Innere, die Domäne der Dichter,
Von der Physik nichts wissen wollte bis gestern –
Endlich hat es sich aufgetan unterm Photonenbeschuß.
Seele, was ist das? Ein Schwingungszustand, sonst nichts.
Ein neuronales Gewitter, wie Leonardo es heraufziehen sah.
Ein Mahlstrom, der alles Gesehene, alles Gedachte verschlingt.
Allein mit den feindlichen Worten, leer bis zum Grund,
Steht der Dichter da wie das sprachlose Kind vor der Klasse.
Goethe ist tot. Hölderlin. Man sollte Aufsätze schreiben
Über das Sterben der Wälder im Namen bedruckten Papiers.
Die Bibliotheken wachsen, die Metastasen, all die Register
Der Viren. Materieteilchen, der Aktien und Sündenfälle,
Während die Schatten schrumpfen. Bald steht die Sonne
Unverstellt im Zenith, das vernichtende Gottesauge.

Kein Wunder, daß eines Tages einer zusammenbrach
Unter der Last der Ausdruckssuche.
»Das Ich und sein Hirn« –
Zwei Instanzen, um Vormacht ringend, das war zuviel
Für den einzelnen Menschen, das selbstentfremdete Tier.
»Es zerfiel mir alles in Teile, die Teile wieder in Teile,
Und nichts mehr ließ sich mit einem Begriff umspannen.«

Mein lieber Chandos, ich sage Euch, wie es weiterging.
Von wegen Worte, im Munde zerfallend wie modrige Pilze –
Unter uns Mykologen, uns Mythologen, *my friend*:
Es geht nicht um Platon, um Cicero, Seneca oder Crassus.
Längst zertrümmert die Büsten, was blieb, sind Scherben.
Es geht nicht um Ratten, vergiftet, im Todeskampf quiekend.
Es geht um den Menschen, von seinesgleichen umzingelt.
In jedem Mauerloch schwelt Geschichte. Hoch infektiös,
Verseucht von Ideen ist, von Interessen, die Atemluft.
Unterm Nagel das Schwarze wimmelt von Krankheitskeimen.

Von wegen Pilze – Rhizome sind es, die uns umklammern.
Es geht an die Wurzeln, ins Zelleninnerste, tief ins Hirn.
Und da ist keine Mutter, die ihn begrüßt, den verlorenen Sohn.
Glücklicher Chandos, Ihr wißt nicht, was Euch erspart blieb.
Welcher Vernichtungswille, wieviel organisierte Niedertracht.
Die kalten Brunnenvergifter, die Mörder im Blitzlichtgewitter.
Die Hysterie ganzer Völker, das Böse in einer Handvoll Staub.
Und all die Sprünge der Herzen, der Terzen hinüber ins All.
Mozarts Arien, Kants Urteilskraft, die Visionen Rousseaus.

Bleiben wir nüchtern, Mylord. Heut besteht jedermanns Körper
Aus Chiffren, die alles mit allem verbinden. Das neue Fleisch
Lebt befreit von Natur, durch und durch informiert.
Euer Brief
Ist uns süße Rhetorik, ein Zwiegespräch unter Toten, ein Trost.
Unsere Enkel, weiß Gott, werden ihn anders lesen als wir.

Heinrich Detering

Tischgespräch mit Sankt Stefan

Dies ist der Brief, den Francis Bacon, später Lord Verulam und Viscount St. Albans, an Philipp Lord Chandos, jüngeren Sohn des Earl of Bath, schrieb, um diesem Freunde auf dessen Ankündigung eines Verzichts auf literarische Betätigung hin zu erklären, er sei sprachlos.

Mylord, mein Freund –

mir fehlen die Worte. Ich weiß nicht, was ich sagen soll. Also ausgerechnet Ihnen, der die Worte auch in diesem Brief mit solcher Vollmacht versucht, daß sie gar keine Lust mehr haben können, sich zu widersetzen; Ihnen, der Sie mir mit jeder Zeile einen Beweis der Fortschritte geben, die Sie in den zwei Jahren Ihres brieflichen Schweigens in der Kunst des zusammenhängenden Sprechens und Denkens gemacht haben: ausgerechnet Ihnen, mein zarter und trauriger Frühgereifter, soll Ihr Dasein so geist- und gedankenlos dahingeflossen sein? Nein wirklich, ich bin sprachlos.

Dabei sind mir die Erfahrungen und Empfindungen, vor deren Mißverstehen Sie sich absichern wollen, vielleicht gar nicht so ganz unbekannt. Allerdings, könnten die Worte neu erfunden werden, dann würde vielleicht das Geschwätz aufhören und der Mensch innewerden, was er ist, und würde die Erde verstehn und die Sonne. Dann könnte man womöglich auch wieder genau wissen, wer gemeint ist, wenn man »Ich« sagt. Und solange das nicht geschieht? Sollten wir wirklich zu Stückwerk zerfallen und uns in Nichts auflösen?

Aber wer könnte denn die Worte so auffrischen und den Stein wieder so steinern machen, wie Sie das mit jeder Zeile tun! Und wem öffneten sie derart alle Sinne für die Epiphanien der Dinge, für die zu lange nur beredeten und nicht mehr gefühlten Gefühle! Für einen Moment hätten Sie mich sogar fast davon überzeugt, daß auch Ihr Ich zur Fabel geworden sei, zur Fiktion, zum Wortspiel, als hätte es ganz und gar aufgehört, zu denken, zu fühlen, zu wollen! … Wenn ich dann aber wieder von vorn lese – wie ichförmig erscheint mir dann jedes Ihrer Wortspiele, wie chandoshaft! Wie sehe ich Sie in jedem Satz leibhaftig vor mir – wie früher, wenn wir an der Themse durch Nacht und Nebel spazierten! Und wie beredt kommt mir jetzt, im Glanz dieses Briefes, sogar Ihr zweijähriges Schweigen vor – als hätten Sie ihn überhaupt nur geschrieben, um dieses Schweigen hörbar zu machen! Sogar noch von den modrigen Begriffen sprechen Sie so, daß ich den Geschmack der zerfallenden Wortpilze wie ein neues Aroma empfinde (und, pardon, beinahe genieße).

Dabei fällt mir ein schöner Gedanke wieder ein, den ich neulich irgendwo gelesen habe: Alles, was in einer Sprache geschrieben und gedacht wird, *deszendiere* von den Produkten der wenigen, die jemals mit dieser Sprache schöpferisch geschaltet haben. Man könnte vielleicht hinzufügen, daß auch das schöpferische Schalten dieser wenigen ja selbst schon von vorangegangenen Produkten deszendiert und so ins Unendliche, bis sich der Ursprung in der Ferne der Engelsprache verliert – so daß also alles Reden am Ende ein Übersetzen wäre aus einer Engelsprache in eine Menschensprache. (Aber auf diese sonderbare Idee bringen mich wohl nur die Cherubim, über die Sie schreiben und an die Sie doch nicht glauben.)

Auch Sie, das stimmt schon, reden in Zungen aus lauter fremder Rede – aber Sie tun es doch so eigenmächtig wie eh und je. Erst wenn Sie so ergriffen sind, sind Sie ganz Sie selbst, finde ich. Manche dieser Einfälle klingen mir übrigens so schön und fremd ins Ohr, als drängen sie aus einer anderen Welt herüber, vielleicht einer Welt, deren Zeit erst noch kommt. »Wahrheit und Dichtung« zum Beispiel – ich habe diese Wendung jetzt bei Ihnen zum ersten Mal gelesen; aber es kommt mir vor, als ließe sich ein ganzes Buch daraus machen.

»Mîner sprachen grenzen sint / die grenzen mîner werlde«, hat ein Mystiker geschrieben, dessen Name mir entfallen ist, dem Sie aber vielleicht noch irgendwann begegnen werden. Wenn ich Sie richtig verstehe (und Sie machen sich überhaupt viel besser verständlich, als Sie befürchten), dann kann Ihnen genau diese Begrenzung nicht genügen. Sie verlangen, daß *die Wahrheit* eintritt ins Metapherngestöber. Also haben Sie sich auf die Suche gemacht. Sie haben sich von den Gegenwärtigen abgewandt (auch von mir, leider); Sie lesen im Plato und im Livius, Sie zitieren Cicero und Sallust; und nirgends finden Sie die Sprache, die Sie suchen. Aber die Worte selbst, in denen Sie mir diese Suche so eindringlich schildern – auch diese Sprache kommt mir nicht unbekannt vor. »Was ist der Mensch, daß er Pläne macht!« rufen Sie, wie ein neuer Prediger Salomo oder wie Hiob oder der Psalmist. Den Regenbogen, schreiben Sie, erblicken Sie über den Feldern Ihres Lebens (Felder, die mir allerdings nach der Flut Ihrer Selbstzweifel jetzt doch wieder ganz fruchtbar vorkommen); und auch dieser Regenbogen kommt mir irgenwie bekannt vor. Von ferne, schreiben Sie, sehen Sie sogar den Saum eines Mantels, in den Sie sich nicht einzuhüllen vermögen und nach dessen Wärme und Schutz es Sie dennoch verlangt.

Aber in welcher Sprache reden Sie da? Das sind ja doch ganz andere Bilder als die der einfachen, alltäglichen Dinge am Feldrand! Habe ich unrecht, wenn ich vermute, daß Sie nach einer ganz anderen Sprache verlangen als der der Wörter (doch woher sollte die kommen, wenn sie nicht aus anderer Sprache deszendiert und doch Sprache bleiben soll? Hier beginnt wieder, wenn ich richtig gelesen habe, Ihre alte und durch keinen noch so neu gewobenen Sprachzaubermantel zu verhüllende Bedrängnis), weil Sie absolut ins Absolute wollen – daß Sie also am Ende gar nicht Wörter wollen, sondern etwas, oder jemanden, dahinter? Nicht nur die Engelsprache, sondern die Engel?

Auch den Gießkannen und Schwimmkäfern, die Sie mir vorführen, diesen Wesen und Dingen, wird in Ihren schönen Wendungen die *unbegreifliche Auserwählung* zuteil, zu *Gefäßen Ihrer Offenbarung* zu werden und zu Auslösern Ihres *seligen Gefühls* und *wortlosen Entzükkens*. Auch das sind wieder nicht nur Ihre eigenen, sondern von weither gekommene Wörter; und es sind jetzt doch ganz Ihre, weil sie von Ihrem eigensten Verlangen reden. Also worauf warten Sie eigentlich? Auf »etwas Unbenanntes und auch wohl kaum Benennbares«, das sich Ihnen, sprachlos und bildlos, offenbart? Also auf etwas, das ganz es selber ist, oder auf einen Mittler? Wenn ich Ihre Sätze so wiederlese, denke ich fast, Sie sähen sich in Ihren geheimen Träumen doch als einen Prediger in der Wüste, einen Heiligen und Märtyrer – mit den versteinerten Worten beworfen, während Ihr Blick ins himmlisch Sprachlose fällt. Nicht als einen St. George im Kampf mit dem Wortdrachen, sondern als einen Sankt Stefan der Sprache. Sie meinen, glaube ich, daß niemand von uns dieser Steinigung entgehen kann. (Ihr Shakespeare ist ja übrigens auch dieser Ansicht, Sie erinnern sich: »everybody must get stoned«.)

Und der Blick ins himmlisch Sprachlose? Ihre letzten Bilder umkreisen Epiphanien, in denen das Wort *erscheint*, als Hund oder Ratte, als Stein und Bein, als Fleisch und Blut; eine Sprache, die leibhaftig wäre, auf der Zunge zu schmecken, mit dem Körper zu lesen wie Brot und Wein. Es sind die ältesten, geheimnisvollsten und wunderbarsten Deszendenzen, wahrhaftig. Und wieder frage ich mich, wenn ich das so lese, ob Sie wirklich nur die Dinge selber wollen oder das Wort, den Mittler darin. Und dann frage ich mich weiter, ob wir uns nicht (aber ich gehe wohl schon zu weit und breche gleich ab) in der sprachlosen Gegenwart dieses Absoluten mit den Wörtern, die es umkreisen, diesen immer aus Wörtern deszendierten Wörtern, ganz gut im Vorläufigen begnügen könnten. Ein kleines Tischgespräch führen am Tisch des Herrn.

Doch auch dies werden Sie, vermute ich, sowenig hören wollen, wie Sie der Engelsprache trauen. Auch meine Metaphern sind Ihnen schon Begriffe geworden, die modrig im Munde zerfallen. Aber wenn wir dann nicht davon mehr reden können, dann lassen Sie uns doch noch eine Weile darüber schweigen. Es muss ja nicht für immer sein.

Ihr Freund F. B.

Louis Begley

An seine Ehren, Lord Chandos

Lieber Chandos,

Ihr Brief vom 22. August 1603 an unseren geschätzten Kollegen Francis Bacon ist in meine Hände geraten. Die näheren Umstände seiner Übermittlung sind mysteriös (nahezu unwahrscheinlich), und ich will sie hier nicht näher darlegen. Möge der Ausdruck des aufrichtigen Dankes an Eure Freunde, die gutgesinnten Zwischenträger, die uns solcherart zusammengebracht haben, genügen, in Euren Augen die Freiheit zu rechtfertigen, die ein um vieles älterer Mann sich nimmt, indem er jetzt an Euch schreibt, ohne daß wir einander je vorgestellt worden wären. Ich weiß nun leider nicht, ob es Bacon möglich war, auf Euren Brief zu antworten. Angesichts der Originalität seines Hirns mag ich es nicht unternehmen, erraten zu wollen, was er geschrieben haben könnte – falls in der Tat er geantwortet hat. So sollt Ihr auch meinen Brief nicht als den Versuch lesen, die fehlende Erwiderung von seiten jenes großen Mannes zu erfinden. Bitte nehmt ihn eher als eine Botschaft von jemandem, der ein lebhaftes Interesse an Eurem Problem nimmt – von jemandem, der im Augenblick (was vielleicht eine Anmaßung ist) das Gefühl hat, une âme sœur zu sein.

Ich habe Euren Brief vom 22. August gelesen und wieder gelesen – mit tiefer Sympathie. Ich habe es dabei gewagt, Eure Verzweiflung begreifen zu wollen, und wiederum war ich auch, ich muß es bekennen, ein wenig amüsiert. Ihr wart so jung, als Ihr ihn schriebt! Nur sechsundzwanzig! Ihr hattet in so kurzem Zeitraum so vieles vollbracht – vielleicht zu viel, vielleicht gingen Eure Leistungen bis zur Grenze des Überdrusses. Und Ihr hattet den Glauben (den nur die Jugend besitzt), Ihr könntet Eure Zukunft sehen, als wäre sie bereits unauslöschlich vorgeprägt. Ich ahne, daß Bacon all dies mit seiner gewohnten Scharfsicht aus Eurem Schweigen und Eurer Tatenlosigkeit herauslas und Euch deshalb das Schreiben sandte, das Ihr erwähnt – jenes, in welchem er es unternahm, Euch zu tadeln. Ich glaube wohl, daß er Euch aus diesem Grunde – mit seiner gewohnten politischen Vernünftigkeit und seinem Taktgefühl – nicht als malade imaginaire behandelte. Im Gegenteil, er ermunterte Euch, eine Krankheit zu überwinden und Euch des eigenen Zustandes klarer bewußt zu werden. Diese Aufforderung ist vor allem wichtig. Er hat Euch gewiß besser verstanden, als Ihr Euch zu jener Zeit selber verstehen konntet.

Ich bin von Natur respektlos. Der werte Bacon war es nicht. Das könnte wohl erklären, weshalb dieser höchst ernsthafte Mann Euch nicht gesagt hat – wie ich es nun tue –, daß Ihr vollkommen recht hattet, die in Eurem Brief erwähnten Projekte fallenzulassen. Der Grund? Eins wie das andere waren sie sterbenslangweilig. Überlegt nur einmal: Eine Geschichte der ersten Regierungsjahre Heinrichs des Achten! Eine Studie, welche die Lebensgeschichten von Narziß, Proteus, Perseus und so fort entschlüsseln sollte! Eine Zitatensammlung à la Julius Caesars *Apophthegmata*! Wie konntet Ihr nur den bloßen Gedanken daran ertragen? Es überrascht mich nicht, daß Ihr in »Kleinmut und Kraftlosigkeit« versankt. Angesichts dieser Pläne hätte selbst ein Schmierant, ein Mietling, verzweifelt zu allem bereit, um sich sein Brot zu verdienen, die Arme ausgebreitet und gerufen, da wolle er lieber Schweine hüten! Es gibt keine schwerere Arbeit als das Schreiben, wie Ihr wohl wißt, da Ihr ja zwischen Eurem achtzehnten und fünfundzwanzigsten Lebensjahr so fruchtbar gewesen seid. Da Ihr reich seid und von guter Geburt, wärt Ihr verrückt gewesen, Euch im Schweiße Eures Angesichts an Themen abzuarbeiten, die Euch so vollkommen äußerlich sind. Ihr solltet es als eines der kostbarsten Geschenke erkennen, die das großzügige Schicksal Euch gemacht hat, daß Ihr hier rechtzeitig innehalten mußtet. Rechtzeitig wofür? Um zu lernen – wie Euer Brief es beschreibt –, daß man in einer Gießkanne, einer auf dem Feld zurückgelassenen Egge und so fort, betrachtet man sie in einem Zustand emotionaler Bereitschaft (Eure Verzweiflung und die Empfindung der Entfremdetheit, an der Ihr littet, als Ihr Euren Brief schriebt, mögen gerade solch ein Zustand sein), Zeichen erkennen kann. Zeichen, die, in Euren Worten, »Gefäß« einer »Offenbarung« werden können. Und zu lernen, die Gründe für die Macht dieser Zeichen zu entdecken, Euch ein solch »unbenanntes seliges Gefühl« empfinden zu lassen. Ich glaube, wenn Ihr dabei bleibt, werdet Ihr wie Marcel Proust – einer der größten Romanciers, den zu lesen Euch leider nicht vergönnt sein sollte – das Geheimnis dieser Macht entdecken. Es liegt darin, daß jene Gegenstände ohne irgendeine Willensanstrengung unsererseits Erinnerungen wiederbeleben, die ansonsten – selbst wenn man sie sich mit bewußter Anstrengung des Intellekts zu Bewußtsein bringen kann – abstrakt bleiben und uns deshalb gleichgültig lassen. Ihr mögt auch zu der Überzeugung kommen, daß es Euer wahrer Beruf ist, diese Zeichen zu suchen, und von nun an Eure Suche und Eure Entdeckungen über die Bedeutsamkeit solcher Zeichen zum Thema Eures Schaffens machen.

Ihr habt, was mich sehr rührt, Bacon geschrieben, daß Ihr kein Buch mehr verfassen werdet, »weil die Sprache, in welcher nicht nur zu schreiben, sondern auch zu denken mir vielleicht gegeben wäre, weder die lateinische noch die englische, noch die italienische und spanische ist, sondern eine Sprache, von deren Worten mir auch nicht eines bekannt ist, eine Sprache, in welcher die stummen Dinge zu mir sprechen, und in welcher ich vielleicht einst im Grabe vor einem unbekannten Richter mich verantworten werde«.

Doch ich glaube, Ihr beherrscht diese ganz besondere Sprache bereits – in der Tat habt Ihr sie gebraucht, um Euch an unseren verehrten Freund Bacon zu wenden. Ihr habt sie gelernt, indem Ihr auf den Trommelschlag Eures Herzens gehorcht habt. Verlernt sie nie.

Das ist meine einzige Befürchtung. Ihr seid so brillant, besonders da, wo Ihr es bestreitet, und wenn Ihr schreibt, vermag die Seite kaum die Ideen alle zu bergen. Schreiben werdet Ihr wieder, glaubt es mir. Aber werdet Ihr nicht, wenn Ihr wieder die Feder in die Hand nehmt, von neuem verführt werden von der eigenen Geläufigkeit, werdet Ihr nicht wie von den Sirenen verzaubert rasch und virtuos elegante Capriccios hinwerfen, anstatt nach dem Grund dafür zu suchen, daß die Agonie der in Eurem Milchkeller vergifteten Ratten Euch mit solcher Macht verstört hat?

Euer Freund,

Louis Begley

(Aus dem amerikanischen Englisch von Joachim Kalka)

Nadja Einzmann

Noch ein Brief an Lord Chandos

Mein Lieber,

so ratlos. Wie rührend. Und daß sich da tatsächlich einer Gedanken macht zur Frage von Sprache und Dingen. Nicht irgendeiner natürlich. Dichter, der Sie sind, und haben sich über die Jahrhunderte recht gut erhalten. Und wenn Sie von Ihren überschäumenden Jugendjahren berichten, geht mir das Herz auf. Das Dasein, es ist Ihnen als eine große Einheit erschienen, und die geistige und körperliche Welt nicht als Gegensatz. Ein goldenes Zeitalter muß das gewesen sein, und Ihre Jugend paradiesisch. Von Blume zu Blume und süßen Nektar aus allen Blüten saugen, so kommt mir das vor. Wir hier bei uns haben allerhand Süßstoffe, und auch der Zucker ist nicht mehr, was er war. Und die Dinge sind längst nur noch Dinge. Ich will Ihnen wirklich keine Angst machen, wenn Sie so zu uns hinübersehen. Sie haben es bestimmt gut gemeint. Und daß mit Ihnen einiges ins Rollen kam und rollte und sich zu einer Lawine auswuchs, die alles naive Leben unter sich begrub, das war ja nicht abzusehen. Von Bienchen und Blümchen und allerhand freundlichem Getier zu berichten ist seither nicht mehr möglich. Vielleicht von Liebe in kälteren Tonarten, von Sonnenuntergängen nicht. Gott sei Dank, werden Sie sagen. Keine Sonnenuntergänge mehr in Gedichten, und sicher haben Sie recht. Und waren ja auch nicht der erste, der das bemerkte. Ich will nur sagen, was damals zu viel, ist heute deutlich zu wenig. Die Gegenwart, die da jetzt vor Ihnen und mir so durchlöchert, in Fetzen, in Stücke gesprungen daliegt, haben Sie mit zu verantworten. Wo ist der Sekundenkleber? frage ich Sie, wer zerfetzen will, muß seine Fertigkeiten im Kleben frühzeitig ausbilden. Wir stehen hier mit hängenden Armen, die Stirnen in ratlose Falten gelegt. Und was wir sehen, ist eine einzige Scherbenwüste, eine Wüste, in der ein würdiges Leben schon nicht mehr möglich ist. Und wäre da nicht ein wenig Musik von Zeit zu Zeit oder ein Kinofilm, der für armselige neunzig Minuten zusammenklebt, was Ihnen und so vielen Ihrer Zeit aus den Händen geglitten und zerschellt ist, ich will gar nicht daran denken. Nicht geglitten, werden Sie sagen, tief gefühlt und dann zerschlagen. In zornigem Aufbegehren gegen alle Wände geworfen, deren Sie habhaft werden konnten. Natürlich verstehe ich Sie, und es wird sich um jugendlichen Leichtsinn gehandelt haben. Oder haben Sie sich gefangen gefühlt? Ja, das werden Sie sagen, Sie hätten sich erstickt und eingeengt gefühlt. Was würden wir heute für ein wenig Enge geben. Ein paar Wände, vielleicht ein Dach – besser nicht darüber nachdenken, sonst bricht mir, was damals und in Ihrer Zeit noch Herz genannt wurde. Herzen gibt es nicht mehr, lange nicht mehr, und Seelen auch nicht. Das alles ist längst differenzierter zu betrachten. Ich bin nicht mehr, und Sie auch nicht. Und sprechen uns längst mit wir an. So viele Beine hat kein Tausendfüßler, wie ich und Sie Teile haben. Und bestehen aus kleinen und immer kleiner werdenden Ichs, die sich zappelnd und um sich schlagend bemühen, ihrer selbst Herr zu werden. Ich habe jedes Bemühen längst aufgegeben. »›Ich!‹« werden Sie rufen, »Sie haben ›ich‹ gesagt.« Und wenn schon, das hat keine Bedeutung mehr. Was fort ist, ist fort und kann durch so ein bißchen Sprache nicht zurückgeholt werden. Wir hier sind die letzten Überbleibsel einer Spezies, für die es keine Worte mehr gibt. Ich gehe durch die Straßen, und da grünt es, und Bäume breiten über mir ihre Blätterdächer aus. Und ich denke »Bäume« und sage »Bäume« und ertappe mich dabei. Als bestünde, was ich sehe, nicht aus so vielen Teilen, daß Baum dazu zu sagen eine grobe Beleidigung ist. Und von Farben zu sprechen, die natürlich, wie wir nur zu gut wissen, zwar sichtbar, aber so gar nicht sind – Grün zum Beispiel, oder Blau –, höchstens im Traum einmal, daß uns das einfällt. Und natürlich sind wir schweißgebadet und schämen uns im Erwachen und sprechen mit keinem davon. Wirklich, wir würden es uns zu leicht machen, würden wir »blau« sagen, oder »grün«. Und nichts könnte unserer Wirklichkeit gerecht werden. Da hatten es andere Gegenwarten noch leichter. Schwarzweiß zum Beispiel, und dann der Stummfilm, da war ein einfacheres Durchfinden. Und Fotos aus dieser Zeit – süße Melancholie. Es ist nicht, daß wir hier keine Gefühle mehr hätten. Die haben wir und reichlich davon. Nur sind sie längst überaltert. Wir finden schön und lieben, und alles ist nur Schein. Und vergänglich, tot und sinnlos. Das ist es, dieser verdammte Sinn. Und mit ein wenig Sinn kommt, wer ihn findet, hier wieder einige Jahre glücklich über die Runden. Was früher der Goldrausch, ist heute die Sinnsuche. Und selbst die kleinsten Krümel werden teuer gehandelt. Aber bitte sprechen wir nicht von Sinn, sonst wird es peinlich, und natürlich schäme ich mich: schon beginnt mir die Haut zu jukken und rötet sich fleckig, und ich sehe verlegen nach allen Seiten.

Spärlich die Haut, die uns seither bedeckt, und reichlich empfindlich ist sie geworden. Denken Sie darüber einmal nach in aller Stille. Ich wenigstens gehe meiner Wege nur noch mit streng verschränkten Armen. Schließlich will ich nicht selbst schuld sein, wenn durch mich hindurch und aus mir heraus mein letztes Restchen Seele in diese unverbindliche Welt hinauströpfelt, und was zurückfließt, öd ist und leer. Eine traurige Zeit, diese unsere Zeit, wirklich, das sage ich Ihnen.

Monika Maron

Liebe E.,

seit wir gestern beide die Hörer aus der Hand gelegt haben, plagt mich der Gedanke, Du könntest glauben, ich sei hier auf dem Lande inzwischen verblödet. Du berichtest von Deinem Kongreß und Deinen Begegnungen mit der Elite der Literaturwissenschaft, und ich erzähle Dir, wie mein Hund auf meinen Fingerzeig einen Ball aus dem Schilf holt und wie ein grünschillernder Käfer sich auf der Spitze eines Grashalms so lange wiegt, bis er auf die Spitze eines anderen Grashalms wechseln kann, oder in welcher Geschwindigkeit die Ameisen ihre Eier in Sicherheit bringen, wenn jemand ihren Bau zerstört.

Vielleicht hättest Du mit solchem Verdacht sogar recht, manchmal glaube ich ja selbst, daß die dumpfe Demut, in die ich allsommerlich verfalle, einer Verblödung gleichkommt. Mit jeder Woche, die ich hier bin, wachsen meine verwandtschaftlichen Gefühle für das große und kleine Getier um mich, sogar für die Pflanzen, auch die unnützen, die sich geschickt dicht neben den ihnen ähnlichen Kulturpflanzen angesiedelt haben. Und nachts, wenn ich den balzenden Vögeln zuhöre, kann es passieren, daß mich ein trauriger Neid überkommt auf all diese seinsgewissen Kreaturen, die in jedem Augenblick das Richtige tun, weil sie einfach nur ihrem genetischen Programm folgen und offenbar nicht den Wunsch verspüren, sich dagegen aufzulehnen. Du weißt, ich bin keine Naturschwärmerin, und es fällt mir schwer, nein, es ist mir unmöglich, Dir das Gefühl von Heiligkeit zu beschreiben, das mich umhüllt, wenn ich nachts vor dem Haus sitze und mir sage, daß ich nichts anderes bin als das Gefiederte und Bepelzte da unten am See, etwas nicht viel anderes. Wie der Hofmannsthalsche junge Lord, dem die abstrakten Worte wie modrige Pilze im Mund zerfielen, wüßte ich keine Worte, um Dir verständlich zu machen, was ich in solchem Augenblick zu wissen glaube. Erinnerst Du Dich an die Passage seines Briefes, in der er von den Ratten in seiner Meierei erzählt, die zu töten er seinen Bediensteten ohne sonderliche Rührung beauftragt hatte, und die ihm dann während einer Reise in ihrem Todeskampf erschienen, so daß er mit den Augen einer Rattenmutter die sterbenden Rattenkinder um sich zucken sah und in ihm »die Seele dieses Tieres gegen das ungeheure Verhängnis die Zähne bleckte«?

Hofmannsthal war achtundzwanzig, als er den Chandos-Brief schrieb, also noch im Erobereralter, unwiderlegt durch die Erfahrung von Vergänglichkeit und Todesnähe, die uns gleichmacht mit allem, was wird und vergeht, und die uns ahnen läßt, wie unsinnig, ja lächerlich alle unsere Bemühungen sind, der Welt zu gefallen. Es muß ihm etwas zugestoßen sein, daß er, ein junger Mann, genial begabt, vom Ruhm getragen, seit er fast noch ein Kind war, das Interesse am Sagbaren verlor. Ich kann es mir nicht anders vorstellen, als daß er etwas erfahren hat, das eigentlich in ein späteres Lebensalter gehört und das ihm eine Empfindung eröffnete, für die Sprache nicht zuständig ist, die sich der Sprache ebenso entzieht wie unserem Denken.

»Es ist mir dann, als bestünde mein Körper aus lauter Chiffren, die mir alles aufschließen. Oder als könnten wir in ein neues, ahnungsvolles Verhältnis zum ganzen Dasein treten, wenn wir anfingen, mit dem Herzen zu denken.«

Mit dem Herzen denken, das ist ein schöner Gedanke, aber er kommt aus dem Kopf. Alles, was wir in Sprache fassen können, kommt aus dem Kopf, weil die Sprache aus dem Kopf kommt. Aber wo bleibt der ganze Rest? In Musik, Bildern, Träumen?

Sind das unsere Herzgedanken?

Es wird so schnell vom Ungenügen oder gar Versagen der Sprache gesprochen. Ich halte das für Unfug, wie es Unfug wäre, der Nase vorzuwerfen, daß sie nicht sehen kann. Wir können alles sagen, was wir denken können. Anderes bleibt Ahnung, eine namenlose Sehnsucht, über die wir vielleicht sprechen könnten, wenn wir mit dem Herzen zu denken lernten. Darum, glaube ich, hat Lord Chandos im Sprechen und Schreiben keinen Sinn mehr finden können. Für das, worüber er hätte sprechen wollen, gibt es keine Sprache. Und alles, was er schrieb, um seinen Zustand zu erklären, zeichnet einen Kreis um dieses zu sehende, zu riechende, zu hörende, aber nicht zu benennende Etwas, das ihm alles Sagbare unwichtig erscheinen ließ. Ich weiß nicht, ob das, was ihm geschehen ist, als Verlust oder Gewinn gelten sollte. Ich habe derartige Empfindungen bisher mit dem Alter verbunden, mit dem Nachlassen der Kraft, dem Rückblick auf widerlegte Lebensentwürfe angesichts des stetig nahenden Todes. Aber Chandos und sein Erfinder waren junge Männer, so daß man glauben könnte, ihrer geringen Lebenserfahrung hätte noch eine Unzahl unbenutzter Wörter gegenübergestanden. Aber vielleicht sind sie zu verschwenderisch damit umgegangen und haben darum so früh herausgefunden, daß es dieses der Sprache und dem Denken nicht Zugehörige gibt und daß jede Mühe, es doch zu fassen, erfolglos sein wird. Oder, was mir wahrscheinlicher vorkommt, sie haben eine Begegnung mit dem Tod und der eigenen Vergänglichkeit gehabt.

Ich habe fast mein ganzes Leben gebraucht, um mich im Reich jenseits der Sprache verständigen zu können. Und wenn ich mich hier auf dem Land dem überlasse, was ich als Verblödung bezeichnet habe, weiß ich auch nicht, ob es ein Gewinn ist oder doch ein Verlust. Vielleicht weißt Du es ja besser.

Deine M.

Rainer Merkel

Vielen Dank für Ihren Brief. Ihr Rat, meine Anteilnahme anders auszudrücken und es vielleicht auf schriftlichem Wege zu probieren, beschäftigt mich jetzt schon die ganze Zeit. Ich schaffe es nicht, ihn zu besuchen. Ich habe, wie Sie ja wissen, meine Besuche ganz eingestellt und denke über die Besuche nur noch als eine hypothetische Möglichkeit nach, meine Anteilnahme zu zeigen, sie also gewissermaßen vorzuführen, vor allem in Anwesenheit meiner Mutter und meiner Tante. Sie sagen selbst, daß eine gewisse Distanz, das Bedürfnis, sich etwas zu entfernen, an sich nichts Schlechtes sei. So wie ich es schon bei meinem letzten Besuch in Bonn erlebt habe, das Bedürfnis, mich zu entfernen, und zwar mit einer Geschwindigkeit, einer Intensität, die dann gar keine Anteilnahme, kein Mitfühlen mehr ist, sondern nur noch Sehnsucht. So wie Sie es gesagt haben. Ein

Bedürfnis nach Nähe, ein Bedürfnis nach einer gewissen Vertrautheit. Und ich sehe ihn vor mir, in Bonn, seinen Kopf im Schoß meiner Mutter, und ich denke: Meine Mutter hat ihn in seiner Hinfälligkeit zu sich zurückgeholt und versucht ihm jetzt wieder Wörter einzutrichtern. Fast hätte ich ihn nicht erkannt, in der Rehabilitationsklinik in Bonn, als er plötzlich mit dem Kopf im Schoß meiner Mutter lag und das in aller Öffentlichkeit. Wie er eigentümlich verzerrt in ihrem Schoß lag und sich nicht rührte. Ich sah nur die Monumentalität seines Kopfes im Verhältnis zu der schon zusammenschrumpfenden Gestalt meiner Mutter, die wie eine Königin auf dem blümchengemusterten Polster im Foyer der Rehabilitationsklinik saß und auf uns wartete. Er rührte sich nicht, schlief unter ihrem gleichmütigen Blick, und mir wurde noch einmal klar, daß es gar keinen Sinn macht, ihn zu besuchen, und daß ich, wie Sie mir schon geraten haben, eine Weile auf Besuche lieber ganz verzichte und meine Anteilnahme anders ausdrücke. Sein Kopf war groß und kräftig, obwohl sich alles Unglück, das uns jetzt heimsucht, in ihm zusammendrängt und auf engstem Raum sozusagen verdichtet. Im Sog der sich automatisch öffnenden Schiebetüren weitete sich der Anblick meiner Mutter, die seinen Kopf im Schoß hielt, zu einem großen metaphysischen Panorama, in dem meine Tante, tränenaufgelöst, sich an meinen beiden Cousinen festhielt und in ihrem aprikosefarbenen Wintermantel übertrieben festlich aussah. Ich wußte nicht genau, wo ich hingehen sollte und ob es angemessen wäre, mich wie ein Onkel über ihn zu beugen, über seinen Kopf, der bei näherer Betrachtung tatsächlich seine Gestalt verlor und schief und krumm aussah. Der Kopf meines Bruders im Schoß meiner Mutter. Die automatischen Schiebetüren schlossen sich, und die Gesichter meiner Cousinen wurden bleich. Er öffnete die Augen, er sah uns an, und wir stürzten auf ihn zu.

Wir waren ein wenig besorgt, daß er seinen Helm nicht trug, mit dem er seine Schädeldecke schützt, in der tatsächlich ein Teil vorübergehend fehlt, das aus mir unverständlichen Gründen in Berlin geblieben ist. Wir haben Berlin verlassen. Es hat sich in der Zwischenzeit eine Wucherung gebildet, also tatsächlich keine geheimnisvolle unerklärliche Schwellung, sondern ein Tumor, der sich, wie meine Mutter und meine Tante behaupten, nicht entfernen läßt. Und beten wir also diesen Tumor an, knien wir also vor ihm nieder. Und in Gedanken habe ich gesagt. Ich habe es in Gedanken direkt zu ihm gesagt: »Mein Lieber, und das kann ich dir gleich sagen, daß der Tumor reine Ideologie ist, und zwar Familien-Ideologie.« Wir haben Berlin verlassen. Die gesamte Familie hat Berlin verlassen, und auch die Frau und die Kinder meines Bruders haben Berlin verlassen. Tatsächlich ist Berlin eine verlassene und von den Erinnerungen an meinem Bruder nur noch heimgesuchte Stadt, eine Stadt, in der die Rettung meines Bruders zuletzt unmöglich erschien. Das Klinikum Buch, Berlin, die politische Karriere meines Bruders, das alles ist jetzt unsere Vergangenheit. Das Klinikum, das sich in der Nähe der sogenannten Rieselfelder befindet, in dem früher die Abwässer entsorgt worden sind. Während der Weihnachtstage haben wir uns dort alle getroffen, in der mit Kunstwerken aus der Zeit des Realsozialismus dekorierten Kantine. Wir wechselten uns bei den Besuchen nach einem komplizierten, meinen Bruder schonenden Rhythmus ab, in dem meine Cousinen und ich von meiner Tante und meiner Mutter instruiert, über den Tag verteilt und in unserer Anteilnahme sozusagen trainiert wurden. Und was haben meine Cousinen nicht alles unternommen, um meine Mutter zu überreden, ihn besuchen zu dürfen, aber zu zweit durfte man nicht hinein, nicht, solange er noch im Koma lag und von den Ärzten in einen kalten, teilnahmslosen Körper verwandelt worden war. In seinem Kopf eine silberne, futuristisch wirkende Metallsonde, die mit einem tragbaren Computer verbunden war. Und das in einem Gebäude, in dem früher die Mitarbeiter der Staatssicherheit behandelt wurden. Ich dachte die ganze Zeit, ich erzähle es ihm nachher, ich berichte ihm davon und wir amüsieren uns, wie unsere

Mutter die ganze Zeit seine Hand gehalten und sich sozusagen an ihm festgehalten hat, während sie ihn mit ihren unbewiesenen Heilkräften, mit ihren Einflüsterungen und Beschwörungen aufzuwecken versucht hat. Ich habe das in Gedanken so formuliert: »Und hättest du das gedacht? Daß unsere Mutter eine Politikerin ist. Eine Gefühls-Ministerin.«

Die meiner Mutter unterstehende Behörde der verschiedenen Gefühlshaushalte ihrer Kinder, in denen unsere Empfindungen abgetastet, untersucht, reguliert werden, weitet sich gerade jetzt wieder aus und bekommt etwas Wasserkopfartiges. Ein Glück, daß meine Tante mit ihrer hemmunglosen Erotomanie meine Mutter in vieler Hinsicht noch übertrifft und gleichzeitig ihr Ministerium, ihre Systematik unterminiert und in gewisser Hinsicht zum Einsturz bringt. Endgültig und auf einer für uns alle erlösenden Weise wird das aber erst passieren, wenn mein Bruder und ich verschwunden sind und uns, jeder auf seine Art, aufgelöst haben. Weihnachten nahmen wir Abschied von Buch, von Berlin und von dem kleinen, irgendwo in einer Kühlkammer verwahrten Stück aus der Schädeldecke meines Bruders, das ich also, wenn man so will, jetzt in Berlin, insgeheim ein Auftrag der ganzen Familie, bewache. In Berlin haben wir uns als Familie aufgelöst. Meine Cousinen haben es gewagt, meine Mutter zu kritisieren. Meine Mutter hat schweren Herzens den Platz neben meinem Bruder geräumt. Immer wieder prallen die Welten aufeinander, in denen meine Tante sich mit ihren schauspielerischen Talenten meiner Mutter zu entziehen und uns ihre Gefühle vorzuspielen versucht, während meine Mutter mit soldatischer Disziplin auf den Ritualen der Selbstverleugnung besteht und das Bild des Schützengrabens einführt, mit dem sie uns alle an Weihnachten schockiert hat. Der Schützengraben, in dem wir uns jetzt alle befinden, den jähen und rücksichtslosen Angriffen des Schicksals ausgeliefert. Wir aßen Ente und Rotkraut und saßen in der Kantine. Die Besuchszeiten waren genau festgelegt, und ich wunderte mich noch, wieso meine Mutter und meine Tante keine Aufzeichnungen gemacht und alles schriftlich festgelegt haben. Die Rieselfelder in Buch liegen jetzt hinter uns. Tatsächlich bin ich vielleicht hiergeblieben, um, wie ich es mir zumindest vorstelle, zum Wachposten zu avancieren, der über seine Abwesenheit wacht und alle Veränderung nach Bonn meldet, wo sich jetzt unsere Familie auf engstem Raum auf das Unvermeidliche konzentriert.

Sie schreiben, ich soll abwarten und Geduld mit mir haben. Dabei habe ich noch nicht einmal mehr Geduld mit meinem Bruder. Geduld mit meinem Bruder, meiner Tante, meiner Mutter, meinen Cousinen. Beinahe jeden Tag komme ich an seinem Arbeitsplatz vorbei, der mir, obwohl in ihm eine geradezu erschütternde Geschäftigkeit herrscht, leer und verwaist erscheint. Solange mein Bruder im Reichstag war, habe ich ihn dort nie besucht, und die Touristen, die die über zweihundert Meter bis zur Spitze der Glaskuppel zurücklegen, bekommen jetzt in ihrer sklavischen Ergebenheit, mit der sie hintereinander hertrotten, etwas Lächerliches und Unwürdiges. Mein Bruder läßt mir diesen Anblick zurück, diese sinnlose unausgefüllte Leere und Transparenz, in der die Besucher auf den spiralförmigen Rampen nach oben kriechen und auf ihre Vertreter herunterblicken. Meine Besuche könnten, wie Sie sagen, eine Erklärung sein, eine Manifestation. Aber ich frage mich, was ich ihm sagen soll. Was soll ich ihm erzählen? Früher habe ich immer versucht, meinen Bruder zu übertreffen, ihn in rhetorischer Hinsicht in die Knie zu zwingen, in den 70er Jahren, während die Erwartungen meiner Tante und meiner Mutter, daß mein Bruder eine große Karriere vor sich haben würde, sogar noch von den Sehnsüchten und heimlichen Größenphantasien meiner Großeltern und überhaupt der Sehnsucht der ganzen Familie übertroffen wurden und ich jedesmal schon bei dem Gedanken an ein solches Aufeinandertreffen nur noch verstummt bin. In der letzten Zeit haben sich solche Erinnerungen in das Gefühl der Übereinstimmung und Solidarität verwandelt, das mich auch jetzt antreibt, meinem Bruder Briefe, Postkarten und Pakete zu schicken. Ich könnte schreiben: »Wir haben am Ende die größte Angst, daß du uns verläßt.« Oder: »Ich habe die größte Angst. Meine Mutter und meine Tante sind dagegen die Angst selbst und verändern, wenn Du weg bist, nur ihr Ziel.« Berlin ist ein Fluchtort, ein Ort, in dem mein Bruder sich mit seiner Familie vor meiner Mutter und meiner Tante zurückgezogen hat, und ausgerechnet in den Reichstag, in die neu errichtete Glaskuppel, in dieses vollkommen entkernte und jetzt wieder vollkommen ausgefüllte Gebäude, in dem die kyrillischen Schriftzüge, die von der Erleichterung über einen siegreichen Kampf künden, wie Kunstwerke behandelt werden, in dieses Gebäude ist mein Bruder geflohen. Sein Pragmatismus, seine Neigung, etwas in die Tat umzusetzen, was in der gesamten Familie immer nur als Möglichkeit, als Option allenfalls in Erwähnung gezogen und dann aber auch schon wieder verdrängt oder sogar überhöht worden ist, haben ihn davor bewahrt, das Schicksal meiner Cousinen zu teilen. Er ist Abgeordneter. Er tut etwas. Meine Cousinen, diese sensiblen und elfengleichen Lebensverweigerinnen, diese schlichten und sanften Gemüter, die von meiner Tante und meiner Mutter über düstere finanzielle Kanäle schon seit Jahren und wahrscheinlich auch für die Dauer ihres ganzen Lebens hinweg ausgehalten werden, verachten ihn. Unsere ganze Familie verachtet im Grunde die Vorführungen der Macht und die Institutionen des Staatsapparates und sucht sie statt dessen in einer fast unbewußten und sklavischen Ergebenheit in sich selbst, in den Funktionsmechanismen unseres hochkomplexen neurotischen Systems, von dem sich mein Bruder mit Hilfe der Politik zu lösen versucht hat. Vielleicht ist er selbst schon in diesem Moment frei. Er spricht nicht mehr. Jedenfalls nicht mehr mit uns.

Glauben Sie, daß er Skrupel hat? Er selbst hat seine Karriere in der Politik an einem neuralgischen Punkt gewissermaßen ausklingen und verebben lassen und sich auf einen Beobachterposten zurückgezogen, während wir in unserer geradezu akrobatischen Selbstbezogenheit immer ein bißchen traurig darüber sind, daß mein Bruder nicht der große Staatsmann geworden ist, als den meine Mutter und meine Tante sich ihn gewünscht hätten. Seine Reden sind jetzt in einer gedämpften und abgeschotteten Welt zu Hause, und er ist selbst der einzige, der sie noch versteht. Ihm fehlen die Worte. Er nickt, schüttelt den Kopf, oder er weint. Manchmal denke ich, ich muß ihm einfach auf den Kopf hauen. Seit Jahren haben wir uns außerhalb der Familie kaum noch gesehen. Und jetzt denke ich auf einmal, daß ich ihn besuchen muß, und zwar täglich und in einem fort. Ich denke daran, fahre aber nicht hin. Ich rufe manchmal in seiner Wohnung in Berlin an und höre mir die Stimme auf seinem Anrufbeantworter an, den seine Frau noch nicht gelöscht hat, aber es verbietet sich von selbst, eine Nachricht zu hinterlassen. Welche Möglichkeiten hätte er gehabt. Welche glanzvolle Karriere steht ihm, theoretisch gesehen, noch immer bevor. Als wir uns das letzte Mal gesehen haben, während unserer gemeinsamen Fahrt zur Beerdigung unseres Vaters nach Münster, schien er tatsächlich etwas müde und geschwächt zu sein. Tatsächlich war aber gerade diese Müdigkeit, diese Erschöpfung, ein verbindendes Moment. Die Müdigkeit meines Bruder war Erschöpfung, meine hingegen Resignation. Mein Bruder schaute aus dem Fenster, während wir uns unterhielten, und die gesamte Zugfahrt über, auf dem Weg zur Beerdigung meines Vaters, lief unser Gespräch wie die Vorführung eines Filmes vor unseren Augen ab, und ich erinnere mich an die Übereinstimmung, die Vertrautheit und die geradezu spielerische Übereinkunft. Eine brüderliche Gemeinschaft, die ich jetzt vor meiner Mutter, meiner Tante und meinen Cousinen verberge. Ein Geheimnis, das nichts enthält, außer einer Übereinstimmung, die sich nicht in Worte fassen läßt. Sie schreiben: »Ich mache mir Gedanken, ich interpretiere.« Und Sie schreiben: »Ich sehe Gespenster, wo keine sind.« Aus Rücksicht auf unsere Mitreisenden sprachen wir sehr leise und flüsterten fast, und schließlich schlief ich in einem Gefühl wohliger Vertrautheit sogar ein. Und es ist erstaunlich, daß es die Beerdigung unseres Vaters war, daß also sein Tod uns noch einmal für einen Moment zusammenbrachte, daß wir dem Tod unseres Vaters einen Augenblick der Nähe verdankten, die uns sonst verwehrt blieb. Wir sprachen miteinander, wir unterhielten uns, in dem Glauben, eine schier endlose Reise stünde uns bevor. Und tatsächlich erinnere ich mich an meine friedliche und fast lethargische Ergebenheit, mit der ich den Intensitätsmomenten des Gesprächs aus dem Weg ging, um sie, wie ich mir dachte, auf einen späteren Zeitpunkt aufzuschieben, in einer nahen Zukunft, wo sie sich, angereichert mit neuen Geschichten und Beobachtungen, um so besser würden entfalten können. Die Geschwindigkeit des Zuges war enorm, seine Geschwindigkeit war rein äußerlich, für uns selbst ein sanftes, höfliches Flüstern am Rand unserer Aufmerksamkeit. »Ich komme dich mal besuchen«, sagte ich noch, kurz bevor wir in Münster ankamen, wo die Überreste unseres Vaters, der dem Wunsch meiner Mutter entsprechend verbrannt worden war, schon auf uns warteten. Er nickte, und sein Gesicht sah etwas müde aus, während ich noch darüber nachdachte, wie absurd diese Formulierung war, lebten wir doch in der gleichen Stadt. Und ich bin tatsächlich noch immer unserem Vater dankbar, daß er uns diese Fahrt ermöglicht hat. Das Flüstern, das Rauschen des Hochgeschwindigkeitszuges, das Hineinschwimmen in die Landschaft, die sich vor- und zurückneigte, sich hob und senkte, sich unseren Blicken entzog, in ihren zerrupften und geduckten Gestalten, ihren Büschen und Bäumen sich an uns schmiegte, während wir in dem unserer Familie eigenen zaghaften Hochmut im Gespräch vertieft waren, gleichzeitig ängstlich bemüht, nicht aufzufallen, nicht gehört, nicht gesehen, von niemandem erkannt, entdeckt oder enttarnt zu werden.

Was für eine Katastrophe, daß wir Berlin jetzt verlassen, daß mein Bruder mit seiner Familie Berlin jetzt verläßt. Das Haus meines Bruders steht zum Verkauf, und ich schicke ihm ein Paket mit Hörkassetten, eingemachten Himbeeren und einem Notizbuch, das schon Chatwin benutzt hat. Das Moleskin-Notizbuch ist nur so eine Idee, in der Hoffnung, Chatwins Aura würde sich in seinem Gehirn ausbreiten. Ist nicht Chatwin auf den Spuren solcher gedanklicher Pfade, und ich glaube, es sind tatsächlich »Traumpfade« gewesen, durch einen ganzen Kontinent gereist? Vielleicht wird mein Bruder doch noch operiert, eine Hoffnung, an die wir uns jetzt alle klammern. Ich habe mit Verwunderung zur Kenntnis genommen, daß das fehlende Teil, das in Buch in der Kühlkammer des Klinikums liegt, fürs erste gar nicht gebraucht wird und wirklich durch ein synthetisches Teil ersetzt werden soll, oder, wie meine Mutter behauptet, schon ersetzt worden ist. Meine Tante ist schon wieder beleidigt, daß sie davon als letzte erfährt. Ich selbst bin gleichfalls beleidigt, habe ich doch hier in Berlin, stellvertretend für alle, einen Teil meines Bruders gewissermaßen bewacht. Ich werde das Paket morgen zur Post bringen. Ich wollte Ihnen das noch mitteilen, jetzt am Ende meines Briefes, während ich eine gewisse Ungeduld spüre, ihm die Kassette, die Himbeeren und das Notizbuch auf dem schnellsten Weg endlich zukommen zu lassen. Ich werde tatsächlich das Notizbuch dazulegen, obwohl es etwas gewagt ist. Tatsächlich bin ich mir auf einmal sicher, daß mein Bruder gerettet wird, daß er überleben wird und daß wir über all das später noch reden werden. Und er wird meine Mutter und meine Tante vor mir in Schutz nehmen und dafür sorgen, daß sie sich vor aller Augen, und zwar in aller Öffentlichkeit, versöhnen und meine Cousinen aus ihrem Elfenbeinturm befreien. Ich glaube, und das habe ich Ihnen schon oft genug erzählt, daß mein Bruder mit der Klarheit und Schärfe, mit seiner geistreichen, geschliffenen Art, etwas zu formulieren und überhaupt jede Diskussion in der Schwebe zu halten, auch sich selbst, in einer für ihn schwierigen Situation und angesichts solcher organischer Bedrohung, in der Schwebe zu halten weiß. Er wird sich selbst in der Schwebe halten. In der Schwebe wird er schließlich über diese organischen und körperlichen Machtdemonstrationen triumphieren. Letztlich. Es wird am Ende ein sanfter und heiterer Triumph sein, so wie ein Sonnenstrahl, der sich mühsam durch ein dichtes Waldstück tastet und einen in einem unbeobachteten Moment erreicht. Ich werde ihm das auch selbst noch schreiben. »Was ich mir für Dich wünsche«, werde ich schreiben, »ist ganz einfach. Wir sind eine Familie des Leidens. Eine Familie der Glücksideologie. Wir sind eine Familie der Angst und eine Familie des Größenwahns. Manchmal wünsche ich mir, daß Du diese Ideologien durchbrichst und stellvertretend für uns alle durch sie hindurchgehst. Vielleicht in der Gestalt eines für uns nicht zu identifizierenden Tieres, eines Wesens, das keinen Namen, keine Gestalt und keine Beweggründe hat. Ein Wesen, das behende und lautlos zwischen uns hindurchschlüpft und sich mit unserer haltlosen, uferlosen Sehnsucht eilig von uns entfernt … Und wir werden Dir hinterherlaufen und Dich jagen, aber es ist jetzt schon sicher, daß es umsonst sein wird.« Glauben Sie, daß das richtige Worte sind? So oder so. Daß das die richtigen Ideen sind? Ein Brief, eine Hörkassette, ein paar eingemachte Himbeeren, ein Notizbuch? Schreiben Sie mir. Was Sie darüber denken. Und schreiben Sie bald. Ein paar Zeilen sind schon genug.

Felicitas Hoppe

Postkarte
To Lord Chandos
c/o S. Fischer Verlag/Lektorat

Mein lieber Lord,

Ihr Fall ist in Kürze dieser: daß Ihnen alles abhanden gekommen ist, nur nicht die Fähigkeit, über irgend etwas zusammenhängend zu denken oder zu sprechen, ja, Sie denken und sprechen unaufhörlich und schreiben das sogar nieder in schönen und zusammenhängenden Sätzen, die zwar nicht schlüssig, dafür aber unwiderlegbar sind. Rhetorik für Männer, denen es nicht gelingt, in das Fremde der Dinge vorzudringen, weshalb Sie leider auch nicht das geringste von Pilzen verstehen, die Ihnen nicht Pilz sind noch Nahrung, sondern einzig Zeichen, Metapher, Symbol, und so kommt es auch, daß Ihnen der alles entscheidende

Unterschied zwischen Drehern und Schneidern nicht bekannt ist: der eine schneidet den Pilz an seinem Schaft knapp über dem Waldboden weg, der andere dagegen dreht ihn mitsamt der Wurzel aus dem Erdreich heraus – beide gelangen zu guten Ergebnissen, an denen Sie, lieber Lord, der Sie mehr in das Problem als in die Idee einer Lösung verliebt sind, kaum interessiert sein können (weshalb Sie auch gar keine Antwort wollen!). Aber, lieber Lord, vergessen Sie, um Gottes willen, trotzdem nicht, daß man ein einmal frisch zubereitetes Pilzgericht auf keinen Fall wieder aufwärmen darf!!

Ihre Felicitas Hoppe

Dieter Forte

Versuch einer Antwort auf den Brief des Lord Chandos

Hochverehrter geschätzter Francis Bacon,

wir, die Nachgeborenen, haben Ihnen zu danken, daß Sie den vertraulichen und sehr persönlichen Brief des Lord Chandos an Sie nicht in Ihr Staatsarchiv oder – je nach Wertschätzung – in Ihre Schatztruhe eingeschlossen haben, sondern ihn freimütig der Druckerpresse übergaben, zur bedenkenden Lektüre all derer, die versuchen, ihr Leben in der Sprache zu finden.

In Ihrer Zeit der Glaubensspaltung, im neuen Wissen der Renaissance, das die alten geglaubten Bilder beiseite schob, das Erdenleben in neuen Perspektiven sah, veränderten sich die tradierten Werte schneller als die Jahre des Menschen. Sie selbst schrieben die *Nova Atlantis*, die Utopie eines technisch perfekten Zukunftsstaates, geführt von den Weisen der Wissenschaft.

Es gibt viel Gemeinsames mit dem Jahrhundert, in dem ich lebe, das Schicksal der Menschen wird durch grausame Zerstörungen bestimmt, die Welt dreht sich nicht mehr nach den Maßstäben der Menschen, sie wurde zur machina machinarum. Auch wir wissen nicht, was das angefangene Jahrhundert uns bringt. Einen neuen Glaubenskrieg? Hinter dessen unabsehbarem Ende vielleicht einmal eine neue Vernunft?

Was bedeutet da die Literatur? Das ist wohl die Frage, die Lord Chandos an Sie, den Mächtigen, in einer schwierigen Zeit richtet. Ist die einsame Welt der Sprache das Leben, oder ist das Leben im alltäglichen Tun? Wie dienen wir der Welt, in der wir leben, wenn wir nicht den Mächtigen dienen wollen, um uns nur in ihrem Spiel zu verfangen.

Vieles in diesem Brief erinnert an den jungen Hofmannsthal, der ebenfalls zu Beginn eines unseligen Jahrhunderts über das Wesen der Sprache nachdachte. So wie Lord Chandos seinen Brief zu Beginn des 17. Jahrhunderts datierte, dem Jahrhundert der Glaubenskriege, beschrieb Hofmannsthal seine Zweifel zu Beginn des zwanzigsten Jahrhunderts, dem Jahrhundert der Weltkriege, wie ich nun meine Überlegungen zu Beginn des 21. Jahrhunderts notiere, in Erahnung des Kommenden, das sich wiederum unheilvoll ankündigt.

Hofmannsthal umkreist das schwierige Verhältnis des Schreibenden zum Leben in seinem schönsten, fast schwebenden Essay *Poesie und Leben*: »Es führt von der Poesie kein direkter Weg ins Leben, aus dem Leben keiner in die Poesie.« Dabei jede Einordnung, jede Theorie verachtend, wie Lord Chandos in seinem Brief: »Diese Begriffe, ich verstand sie wohl: ich sah ihr wundervolles Verhältnisspiel vor mir aufsteigen wie herrliche Wasserkünste, die mit goldenen Bällen spielen. Ich konnte sie umschweben und sehen, wie sie zueinander spielten; aber sie hatten es nur miteinander zu tun, und das Tiefste, das Persönliche meines Denkens blieb von ihrem Reigen ausgeschlossen.« Auch Hofmannsthal ist diesen selbstredenden und den Blick verstellenden Begriffen fast irritierend abgeneigt. Er schreibt in *Poesie und Leben* an seine Leser: »Unglaublich viele Schlagworte und Eigennamen haben Sie in Ihrem Gedächtnis, und alle sagen Ihnen etwas. Sie sind so weit gekommen, daß Ihnen überhaupt nichts mehr mißfällt.« Und spricht von »all dem ermüdenden Geschwätz von Individualität, Stil, Gesinnung, Stimmung und so fort«.

Vergleicht man die Gedanken Hofmannsthals mit dem Brief des Lord Chandos an Sie, verehrter Francis Bacon, so könnte er auch eines der geliebten Traumbilder Hugo von Hofmannsthals sein: »Es zerfiel mir alles in Teile, die Teile wieder in Teile, und nichts mehr ließ sich mit einem Begriff umspannen!« schreibt Lord Chandos wie Hofmannsthal. Beide spüren den unauflösbaren Zwiespalt zwischen einem Leben in der erkennenden Sprache und dem Leben, das mit vorgefundenen Konstrukten in der unbegriffenen Welt auskommt. Ein Traumbild von der Verweigerung des Schreibens und von einem Leben in alltäglichen Bildern, in dem das aus der Distanz beschriebene Leben dem erlebten Augenblick gegenübergestellt wird, in dem die indirekte Existenz in der Sprache gemessen wird an der Schönheit der geschaffenen Welt, der Dinge, die einfach da sind und in denen man auch glücklich werden kann.

Doch Hofmannsthal weiß – hierin fast illusionslos – von dem Paradoxon, daß die Erkenntnis der Welt nur in der Beschreibung existiert, in den Worten dessen, der über die Sprache verfügt, der mit seinen Worten wie ein Maler mit seinen Farben die Dinge zu einem sinnvollen und beglückenden Bild zusammenfügt, aber: »Es führt von der Poesie kein direkter Weg ins Leben, aus dem Leben keiner in die Poesie.« Ein Zwiespalt, der sich für Hofmannsthal später in seinem wohl bedeutendsten Essay, im erlösenden Bekenntnis zu Balzac, aufhebt, einem Autor, den Sie, verehrter Francis Bacon und somit auch Lord Chandos, nicht kennen werden.

Mit keinem anderen Autor hat sich Hofmannsthal so eingehend und so ausführlich beschäftigt wie mit Balzac. Und kaum je hat ein Dichter über einen anderen Dichter eine so enthusiastische Eloge geschrieben.

Die Synthese des zuvor (wie auch von Lord Chandos) als getrennt Empfundenen muß für Hofmannsthal eine rauschhafte Offenbarung gewesen sein. Er schreibt zutiefst ergriffen von der »wahrsten Wahrheit« dieser Dichtung: »Wo immer sie aufschlagen ... werden sie Welt fühlen, Substanz, die gleiche Substanz, aus der das Um und Auf ihres Lebens gebildet ist. Sie werden unmittelbar aus ihrem Leben in diese Bücher hinüberkönnen, ganz unvermittelt, aus ihren Sorgen und Widerwärtigkeiten heraus ... Diese Funktion, mitten in das Leben des Menschen hineinzugreifen, das Gleiche mit dem Gleichen zu heilen, die Wirklichkeit mit einer erhöhten dämonischen Wirklichkeit zu besiegen – ich frage mich, welcher unter den großen Autoren, mit denen unser geistiges Leben rechnet, hierin mit Balzac rivalisieren könnte – es wäre denn Shakespeare.«

»Jede Mythologie, selbst die letzte, zäheste, die der Worte, ist hier aufgelöst: aber eine neue, geheimnisvolle, höchst persönliche ist an die Stelle dieser anderen getreten. Ihre Konzeption ist großartig und in einer solchen Weise bestimmt und doch vag, daß Hunderttausende sie annehmen und sich aus ihr etwas wie den Mythos des modernen Lebens machen können.«

Vielleicht finden Sie einen Weg, verehrter Francis Bacon, diesen Essay über Balzac Lord Chandos zugänglich zu machen: »... über den Abgrund der Jahrhunderte hergeworfen«, wie Hofmannsthal schreibt.

Obwohl er die Welt Balzacs in seiner Welt überdeutlich wiedererkennt, bleibt Hofmannsthal *Der Schwierige*, Titel seines schönsten Theaterstückes. Der Dichter der unbestimmten und gebrochenen Töne, dem die vielbewunderten »schattierenden Farben Balzacs« nicht zur Verfügung stehen. »Es gibt keine Erlebnisse als das Erlebnis des eigenen Wesens. Es kann keiner aus seiner Welt heraus.« Das läßt Hofmannsthal Balzac sagen in dem Essay *Über Charaktere im Roman und Drama*.

Es ist kein Zufall, daß Hofmannsthal ein Jahr vor dem Traumbild des Lord Chandos mit der Bearbeitung von Calderóns *Das Leben ein Traum* begann, einer Arbeit, die ihn ein Leben lang begleiten sollte, die er bezeichnenderweise *Der Turm* nannte, und die er erst zwei Jahre vor seinem Tod beendete. Immer hoffnungsloser werdend, stellte er darin den sinnlosen Tod in der Vereinzelung dar, das Sterben eines Menschen, der sein Leben nicht mit den anderen fand.

Und er beschreibt seine Zweifel im Traumbild des Lord Chandos. Er beschreibt sie fast aufs Jahr genau in der Mitte seines Lebens. Welch hellsichtige Klarheit durch die Sprache auf die Welt.

Zsuzsa Bánk

Gorhambury im Mai

Sehr geehrter Herr Chandos,

ich schreibe im Auftrag eines gewissen Mister Bacon, Erfahrungsphilosoph, Baron von Verulam, für den ich seit einiger Zeit hier draußen, nördlich von London, die Post erledige. Sie haben schon lange auf eine Antwort warten müssen, verzeihen Sie. Aber als der Karrierist und Streber Bacon über seine eigene Bestechlichkeit stürzte, was uns, um offen zu sein, nicht wunderte, war nicht sofort klar, wer die Arbeit übernehmen würde, die er auf seinen vielen Schreibtischen zurückgelassen hatte. Und als ich sie dann aufnahm, diese Arbeit, dauerte es, bis ich unter all dem Papier Ihren Brief fand. Nein, Sie haben mich nicht über Gebühr belästigt, bestimmt nicht. Ich habe Ihren Brief mit einigem Vergnügen gelesen, wenn er auch immer wieder um das eine kreist.

Mittlerweile sind Jahre vergangen, kaum mehr zu zählen, entsetzlich viele Jahre, seit Sie diesen Brief im August 1603 hierhergeschickt haben. Vieles wird sich für Sie geändert haben, ich bin sicher. Vielleicht reiten Sie heute schon glücklicher über Ihre Besitztümer, finden Gefallen an der Rosenzucht. Ich weiß nicht einmal, ob Ihre Adresse noch dieselbe ist. Mister Bacons Adresse ist nicht mehr dieselbe, soviel steht fest. Er hat sich auf und davon gemacht, mit seiner Tasche, sagen wir eher: mit seiner kleinen Mappe, in der bloß ein Zettel lag, mit seinem Lieblingssatz, nicht mehr als drei Worte.

Ich gehe davon aus, daß sich Ihr Anliegen im Laufe all dieser Jahre ohnehin erledigt hat. Was kann man die Menschen mit Worten schon fragen? Wahrscheinlich haben Sie nicht mehr auf einen Brief aus dem Hause Bacon gewartet. Ich habe lange gezögert, dann, später, als ich Ihren Brief schon kannte, weil ich dachte, Sie werden schon selber die Antwort auf Ihr Schreiben gefunden haben und keine mehr brauchen, die ein anderer Ihnen schickt. Schon gar nicht, wenn dieser andere bloß ich bin, eher mit der Verwaltung der Dinge beschäftigt als mit deren Inhalt. Und trotzdem habe ich mich gefragt, ob ich Sie noch überreden sollte. Jetzt, da niemand mehr an nichts glaubt, sollte ich Ihre Zweifel entkräften, Sie davon überzeugen, eine sinnlose, verlorene Sache weiterzubetreiben? Ich habe Tage und Nächte damit verbracht, darüber nachzudenken, bin durch Wälder gelaufen, durch die wenigen, die es hier, im Südostenglischen, gibt, habe Ihren Brief wieder und wieder gelesen, dazwischen Berge von Papier bearbeitet und abgetragen, vom Schreibtisch aus durchs Fenster mal in den Regen, mal in den Schnee geschaut und mich immer wieder gefragt: Was soll ich ihm schreiben?

Heute hoffe ich, Sie haben mein langes Schweigen in Vertretung nicht falsch verstanden, und ich will mir schon allein deshalb die Mühe machen, diesen Brief aufzusetzen – wenn ich Ihren Ausführungen auch nichts von ihrer Bitternis nehmen, sondern sie nur bestätigen kann, jedes einzelne Wort, lieber Lord, und mir zu denken erlaube, auch Mister Bacon müßte mittlerweile so weit sein, das mit der Erkenntnis noch einmal zu überdenken. Allein die Umstände müßten ihn dazu genötigt haben. Wir geben Sie also frei, Herr Chandos, so traurig ich das finde.

Aber wie sollte ich Ihnen auch widersprechen? Wozu sollte ich Sie noch ermutigen? Zur literarischen Betätigung? Gewiß nicht. Kreisen um Begriffe, schnappen danach, packen, dann fallenlassen und zurückwerfen – nein. Was ist der Mensch, daß er Pläne macht! Lächerlich ist er, ich stimme Ihnen zu. Pläne!

Wer schmiedet noch Pläne? Hier niemand mehr – es sei denn, es geht um sein Haus –, auch ich nicht, schon längst nicht mehr, und wenn doch, dann ohne jede Begeisterung, da sind wir einander verwandt. Sinn? Ich frage nach keinem, niemand fragt mehr nach einem, jedenfalls nicht auf diese, nicht auf Ihre Art, und die meisten halten das sogar für eine Befreiung. So leben wir dahin, oder: Wir leben so dahin, ohne HimmelErdeGottMenschNaturGeist als Einheit, versprengt in einem auseinandergepurzelten Ganzen. Kein Zusammenhang. Nirgends. Komisch daran ist nur: Niemanden stimmt das noch traurig. Allenfalls verdrießlich. Und man geht ihm nach, gibt ihm nach, diesem Verdruß, oft und gern – wenn auch nicht auf die elegante Weise, die Sie beschreiben, weil den meisten in der hübschen Mischung Melancholie und Reichtum ausgerechnet der Reichtum fehlt.

Sie haben aufgehört, an Gesprächen teilzunehmen, schreiben Sie, aufgehört, Urteile zu fällen, und auch ich will es Ihnen gleichtun, sehen Sie, auch ich wende mich ab und gehe.

Ihr S. Boyle

Thomas Hürlimann

Sehr verehrter Lord Chandos,

sechzehnjährig erkrankte mein Bruder an Krebs, mit zwanzig ist er gestorben, sein Todeskampf dauerte lang, wochenlang, und er hat ihn bewußt erlebt, bewußt durchlitten. Wenn ein Mensch verende, sagte er, verende alles. In allem, was sei, werde das Verenden sichtbar; in jedem Atemzug höre der Sterbende den letzten Atemzug; im Einbrechen der Nacht breche die Nacht herein. Mit meinem Bruder, um Ihre Worte aufzunehmen, war ich »mitten drinnen«. Wir hatten eine Ahnung davon, »alles wäre Gleichnis«. »Und dennoch sagt der viel, der ›Abend‹ sagt«: Diesen Satz fand ich Jahre später bei Hofmannsthal.

Über diesen Tod wollte ich schreiben. Natürlich bin ich gescheitert. Wer alles erzählen will, erst noch als Gleichnis, erzählt »bloß alles«: Adorno.

Nachdem die Trauer um den Tod des Bruders verdämmert war, hatte ich hin und wieder den Eindruck, aus dem Paradies des Entsetzens vertrieben worden zu sein. Ich verließ es im gemütlichen Spazierschritt, durch eine Allee, die nur eine Allee war, nichts anderes. Fallende Blätter sagten mir so wenig wie der Abend, der in den Dunsthauben um die früh entzündeten Laternen vor dem Dunkelwerden hereinbrach. Keine Offenbarung mehr, schon gar keine von jener Wucht, die im eigenen Schnaufen oder im Fahlwerden des Himmels das Schreckliche und das Schöne der Schöpfung nicht nur erkennt, sondern erleidet wie ein geprügelter Hund. Die Villen waren Immobilien, der erste Schnee ein meteorologisches Faktum, das Geviert für die »Hundeversäuberung« die kluge Einrichtung einer hygienisch planenden Verwaltung. In meinem Innern war das Feuer erloschen. Also brannte es auch draußen nicht. Straßen und Bäume und Menschen blieben grau, blieben flach, und eigentlich, meine ich mich zu erinnern, war ich froh darum. Das Graue war mir lieber als das Grauen. Dumpf und stumpf geworden, paßte ich perfekt in die eindimensionale Realität einer schönen Schattenstadt.

Und dann, es war wieder einer dieser Abende, die nur ein Abend waren, nichts darüber hinaus, glühte zwischen den farblosen Büschen ein Augenpaar. Eine Katze war's, bald meine Katze, nein, andersherum: Ich wurde zu Ihrem Geschöpf. Ich ließ es zu, daß mir dieses Tier den Kopf verdrehte, und wenn Sie jetzt an Crassus denken, den Römer, von dem Sie in Ihrem Brief an Francis Bacon mit kopfschüttelndem Verständnis erzählen, haben Sie völlig recht. Wie Crassus seine Muräne, »einen dumpfen, rotäugigen, stummen Fisch seines Zierteiches so über alle Maßen liebgewann«, verliebte ich mich in die Katze.

Bei einbrechender Dämmerung wollte sie revieren, und ich mußte mit, meist auf die gleiche Tour, hier wurde ein Baumstrunk beschnuppert, dort eine weggeworfene Konservendose, und da sie stets zu den selben Punkten schnürte, Abend für Abend vor den Strunk und vor die Dose, begannen sich diese Dinge im Lauf der Jahre auf sonderbare Weise wichtig zu machen. Gewiß, der Strunk war nur ein Strunk, die Dose nur eine Dose, und doch schien ihnen die Kraft zuzuwachsen, die Katze und mich in eine schwere Müdigkeit zu versetzen. Kamen wir zurück, sanken wir in einen tiefen Schlaf.

Auch Sie, schließe ich aus Ihrem Brief, kennen von Ihren Venedigbesuchen diese Art des Müdewerdens. Im Museum kann es uns passieren, daß wir plötzlich schlappmachen. Als hätten wir eine Gewaltleistung vollbracht, fallen uns die bleischweren Lider zu. Die Leistung ist tatsächlich erbracht worden, nämlich in den ausgestellten Werken, da ist die Zeit gebannt, die

Gegenwart unendlich, und wiewohl mir bewußt ist, daß die allmählich verrostende, schließlich von Farn überwucherte Dose von keiner Meisterhand gestaltet, sondern achtlos weggeworfen wurde, möchte ich doch behaupten, daß beide Müdigkeiten, die im Museum und die auf den Katzengängen, den gleichen Grund haben. Etwas tut sich auf. In der grauen Realität öffnet sich ein Fenster voller Farben.

Ihnen, Mylord, ist eine Gießkanne zum Gefäß der Offenbarung geworden. Sie stand im Schatten eines Baumes, und der Rest Wasser in ihr war finster. Trotzdem vermochten Sie von einem »Schwimmkäfer, der auf dem Spiegel dieses Wassers von einem dunklen Ufer zum andern rudert« affiziert, ja ergriffen zu werden. Eine »Zusammensetzung von Nichtigkeiten« nennen Sie das und staunen darüber, daß Sie von solcher Nichtigkeit mit einer »Gegenwart des Unendlichen« durchschauert wurden.

In Ihrer Jugend planten Sie ein Opus, das alles enthalten sollte, »Sentenzen und Reflexionen aus den Werken der Alten«, »merkwürdige Verbrechen und Fälle von Raserei«, die »eigentümlichsten Bauwerke in den Niederlanden, in Frankreich und Italien und noch vieles andere«, wobei die monströse Zusammensetzung erst noch vom hirnrissigsten aller übermütigen Titel garniert werden sollte: *Nosce te ipsum*, Erkenne dich selbst. Was wissen wir heute von Crassus? Seine rhetorischen Feuerwerke sind erloschen, aber nach wie vor rührt es uns, daß ausgerechnet der eloquenteste unter den Römern von der Stummheit seiner Muräne in die Tiefen einer unergründlichen Liebe hinabgerissen wurde. Seien Sie froh, daß Ihr *Nosce te ipsum* über die Plan- und Wahnstufe nicht hinauskam. Es wäre ihm nicht anders ergangen als den Reden des Römers. So haben Sie sich einen gewaltigen Irrtumsaufwand erspart und es erst noch geschafft, das Geständnis Ihres Scheiterns in die abendländische Geschichte einzureihen. Ihren Käfer bewahren wir im Gedächtnis, und nicht wahr, bester Chandos, Sie haben sich vom Anhauch des Unendlichen, das da schauerlich aus der Kanne stieg, rechtzeitig erholt, haben in den finster kühlen Spiegel gelangt und den tapferen Schwimmer gerettet. Dann ist nicht nur Ihnen, sondern auch dem Käfer eine »unbegreifliche Auserwählung zuteil« geworden. Sie erfuhren durch ihn das Unendliche der zusammengesetzten Nichtigkeiten, indes er, von der gütigen Hand Eurer Lordschaft ans Licht geholt, glücklich davonkrabbelte.

Solang wir jung sind, brauchen wir die Abgründe, um ins Innere der Welt gesogen zu werden. Dann ist man »mitten drinnen«. Und völlig überzeugt, alles sagen zu können, das Große, das Ganze, die Welt als Gleichnis. Natürlich geht das schief. Also entschließt man sich, mit beiden Beinen aus dem traumverschwitzten Bett auf den Tatsachenboden springend, für das einfache Leben. Eine Zeitlang lebt es sich gut. Bis man, wie Sie, über eine Gießkanne stolpert. Oder, wie Crassus, fischverliebt am Zierteich vor sich hin grinst. Oder, wie ich, von einer Katze seitab in die Büsche verlockt wird, weg von der Allee, zwar nicht zurück in das höllische Paradies, aber doch in einen Zauberwald hinein, in dem sich eine Dose findet, die die zusammengesetzte Nichtigkeit konserviert. Was jetzt? Wie weiter?

Sie, lieber Chandos, haben sich für einen Abend entschieden, den Sie vor der Zeit beginnen lassen. Dazu wünsche ich Ihnen von Herzen alles Gute, Ihr

Thomas Hürlimann.

Harry Rowohlt

Fax an: S. Fischer Verlag/Lektorat 2-04-02

Lieber Lord Chandos:

In der Küche, wo permanent Deutschlandfunk Köln eingestellt ist, einer der erwachsensten Sender, die wir in Deutschland haben, habe ich letztes Jahr während der Morgenandacht eine Anekdote gehört, die ich noch nicht kannte.

> Egon Friedell und Hugo von Hofmannsthal ergingen sich einmal im Wienerwald. Plötzlich blieb Friedell stehen, sein Blick bekam etwas Visionäres, und er sagte: »Hier, genau an dieser Stelle, wird Ihnen die Nachwelt dermaleinst ein Denkmal errichten.«

> Hugo von Hofmannsthal wehrte mit gespielter Bescheidenheit ab und sagte: »Nein, das kann ich mir aber gar nicht vorstellen.«
>
> »Doch, doch«, beharrte Egon Friedell, »genau hier wird das Denkmal stehen, und die Leute werden sagen: ›Hofmannsthal? Hofmannsthal?‹«

Der große Josef Heder, dem ich diese Anekdote erzählte, sagte: »Auf die Burschen ist halt Verlaß. Auf alle beide.«

In der Hoffnung, Ihnen mit dieser Auskunft aus der Zukunft gedient zu haben, verbleibe ich als Ihr sehr ergebener

Harry Rowohlt

P. S.: And tell your cronies to get the fuck PDQ out of Ireland, will you? D. O.

Michael Lentz

Alte und Neue Welt,
Oktober 2001 bis März 2002

Mein Lieber,

ich bin nicht Bacon. Ich bin irgendwer. Du bist nicht Chandos. Du bist irgendwer. Dein Brief, an irgendwen, ein Modell. Eine Bildungsbürgerbewußtseinskrise, das ist es, was Du hier lieferst. Oder vielleicht eher eine Adelskrise der Poesie? Dir dämmert, daß ein anderes Zeitalter aufzieht. Die »Gefüge lateinischer Perioden« sind halt ein bißchen aus den Fugen geraten. Du aber hast alles nach hinten datiert, was vorne liegt. Phrasierte Flucht. Unendlicher Regreß, Herr Klugscheißer. Als ob. Du hältst die Spannung zwischen naiv und sentimentalisch nicht mehr aus – und schreibst dennoch für die Antike. Muß das denn sein? Es gibt eine Sprache ohne Rhetorik, eine Sprache über Rhetorik hinaus, stellst Du in Aussicht. Um endlich »ins Innere der Dinge zu dringen«. Sollen es aber tatsächlich »die stummen Dinge« sein, oder nicht vielmehr die Sprache selbst, die spricht? Das stumme Sprechen der Dinge, das Denken. Was schwebt Dir vor, eine Sprache »von keinerlei Sprache«, um eine Formel des Kollegen Michaux abzuwandeln.

»Schreiben Sie mal bilderlose Verse, wenn Sie das können«, kontert Kollege Mandelstam. Dann versuche Du mal, ohne Sprache zu denken, mein Lieber. Bilderschauen. Ist denn der »tiefste Schoß des Friedens«, in den Dich Dein »fieberisches Denken« führt, die reine Anschauung, letztlich die mit allem eins seiende, die ewige Selbstbespiegelung, die auch im kriechenden Käfer nur sich selber erblickt? Vielleicht. Ist das so etwas wie ein magisches Sprachdenken von keinerlei Sprache? Extramental, sozusagen. Extramundum noch obendrein. Poesie mit anderen Mitteln, sozusagen. Ein bloßes Gefühl, vielleicht? Kommt daher das Wort von der »Gefühlsduselei«? Nehme ich Dich nicht ernst genug?

Und enzyklopädisch sollte es mal sein, Dein Hauptwerk, das schleichend zerbröselte, kaum hast Du einen Finger daran gerührt; alles Einbildung, so All umfassend, »erkenne Dich selbst«, denn Du bist nichts. Das ist doch auch das Problem, daß Du das ganze Abendland nachschlagen mußtest, während dieser Dein Brief entstand.

Zerbröselnde Tradition. All das Hehre und Wahre, das Ewige und Stillstehende zerschlägt sich zu Fragmenten. Wie edles Porzellan. Scherben, die sich fragmentieren. Statuen aus Pulver. Seneca und Cicero plötzlich am Boden. Und dann, natürlich, dann zählt eine Gießkanne schon was, Du heimlicher Rattenkönig. Es gibt nichts Totes, aber mit Deinem Latein warst Du am Ende. Sallust verstopft, Rattenausgänge verstopft. Der neue Sallust ist eine Ratte. Wie aber eine Ratte mit dem genus grande einführen, wo sie doch so ganz und gar »humile«, so ganz niedrig ist? Und nebenbei vor jedem Ausgang auf Heerscharen von Ratten trifft.

Alles ist also eine große, eine doppelte Zweiheit. Weltzweiheit und Bewußtseinszweiheit. Wenn Du mich fragst, völlig überschätzter Senf. Ich meine, das alles ist doch Repertoire geworden, Spielball, Scheune. Du aber mit Deinem Weltgebäude, Du aber mit Deinem Antikenhirn, ein klassizistischer Romantiker, das wäre doch wohl dabei herausgekommen, nicht wahr. Der Formtrieb, der so stark wurde, daß er Dir die Sprache entzweischlug. Die Sprache, die so hohl ist, so mittenleer. Daß es nur die Sprache ist, das dachtest Du anfangs doch noch selbst, oder? Schaffenskrise: Bewußtseinskrise. Diese Formel ist Dir natürlich widerlich. Das hat sich Dir doch schon von langer Hand vorbereitet. Oder ist es wirklich »Klassizismus«, der Dein Innerstes zusammenhält. Als ob. Holt die Zeit Dich jetzt ein, die Du stillstehen ließest? Bist Du des Gewählten, Gedrechselten überdrüssig geworden, das schon die Wahrnehmungsschemata Deines Bewußtseins antiquierte? Du also glaubtest an so etwas wie ein Weltbewußtsein, an Fabeln und mythische Erzählungen als »die Hieroglyphen einer geheimen, unerschöpflichen Weisheit«. Du hast dann also die Schlüssel nicht gefunden, sie aufzuschließen, daß sie uns als Zentralchiffren für den Lauf der Dinge und ihre Bewußtseinsspiegelung erscheinen, oder wohin sollte das hinaus? Unveränderliche Stellvertreter des Bewußtseins, Platzhalter der Welt, sollten das diese Fabeln und Mythen sein, und Bewußtsein nur ihr Reflex, ihre Erfüllung? Hätte C. G. Jung Dir da helfen können? Bewußtseinsanreicherung. Depotpillen Antike. Die aber mit den Jahrhunderten ihre Wirkung verliert. Mit Ausnahmen. Gerade Rhetorik hatte jüngst erst wieder ihre Auferstehung. Hat sich im Konflikt mit Deiner konkreten Welterfahrung Deine Konstruktion als unhaltbar erwiesen, als blasse Chimäre, die immer blasser wird? Entpuppte sich die erträumte, ersehnte, die erschmachtete, mit Ekel gepaarte Einheit des Kunstschönen und des Naturschönen dann doch als das umfassend Scheinhafte, als das Du es bislang nicht wahrhaben wolltest? Dafür, daß Dir »die Fähigkeit abhanden gekommen« ist, »über irgend etwas zusammenhängend zu denken oder zu sprechen«, schreibst Du ja einen ganz schön zusammenhängenden, und in seinem schönen Zusammenhang nicht minder schön gedachten, geradezu vielsagenden Schmäh. Krise schon überwunden? Oder soll das ein letztes Aufbäumen, ein Abgesang, heraufziehendes Schweigen sein? Sich aus der Literatur mit schöngeistiger Literatur verabschieden? Andere haben sich erschossen! Oder sind Waffenhändler geworden. So schlimm war's dann bei Dir wohl doch nicht. Dein Bewußtsein ist eine Zweiweltenleere.

Es gibt einen Ausweg, allerdings, und den haben Deine Kollegen nur einige Jahrzehnte später ja auch nicht verfehlt: das Experiment. Selbst Goethe war da in hellen Momenten schon waghalsiger als Du. Wer sich allerdings den vermeintlichen Eigengesetzlichkeiten des Materials aussetzt, könntest Du einwenden, macht eine paradoxe Erfahrung: Auch eine rationale Wahl von Gestaltungsmitteln und -verfahren vermag die historische Determiniertheit weder des Materials noch des Subjekts zu hintergehen. Vielmehr pflegt dieses eine unkontrollierbare Eigendynamik zu entfalten, könntest Du einwenden. Du aber versuchst, es bei der Kontrolle zu belassen. Und was ist heute geblieben, vom Experiment? Der bloße Begriff, von dem niemand einen Begriff hat.

Und so ganz nebenbei fragst Du Dich, wo aber liegt diese Akte, die »ich« bin, wo »ich« drinsteht, wo »ich« rauskommt? Warum ist da nirgends was zu finden außer

Durchgestrichenem, Ausgelöschtem. Und warum sind denn das sogenannte gelebte Leben und das sogenannte nachgedachte Leben nichts als eine Fußnote, Glosse und Randnotiz. Identität ist nur variierte Wiederholung, wie der Kollege Papaver meint. Bei Dir aber variierte sich nichts mehr, wiederholte sich nur noch. Hast Du nicht irgendwo geschrieben, »mein Ich von gestern geht mich so wenig an wie das Ich Napoleons oder Goethes«. Ja, Masken sind wir, »personae«. Kollege Pound läßt grüßen. Ja, »erkenne Dich selbst«. Und schleichend wird es ernst damit, und Dir kommt das Kotzen. Wäre da Kant keine Lösung – und Dein ganzes Jammern hätte ein Ende? Mir scheint, die Leute lesen zu wenig Kant. Im Ergebnis ist mir das Denken der Leute, die was auf ihr Denken halten, zuviel Kantwiederholung, ohne daß die Leute Kant gelesen hätten. Die Leute haben zu oft keine eigenen, sondern nicht ganz ausgebrütete, zudem unverstandene, da nichtgelesene Kantgedanken. Würden die Leute mehr Kant lesen, wären die Zeitungen nicht so voll von scheinbar modernen, von scheinbar brennend aktuellen und sogar zeitgenössischen Fragestellungen, die als philosophische gedacht werden. Mehr Kantlektüre, und jedem Ersatzgedankenwichtigtuer wäre ein »Klappe halten, Kant nachschlagen« beschieden. Alles bloß ein erkenntnistheoretisches Problem? Wohl nicht ganz. Weltgeschichte ist kein Begriff. Ein Schema, ein Klischee ist nicht das gelebte Leben. Ein gelebtes Leben ist kein Begriff. Sehet die Leute, sie sind begriffsstutzig, aber der sogenannte Herr ernährt sie dennoch nicht. Dieser Konflikt zwischen Sensus und Ratio ist ja nicht bloß ein übriggebliebener, sondern ein zeitloser. Unser Denken mag von vorgestern sein, unser Körper ist immer jetzt. Ist das nicht etwas durch und durch Leibnizhaftes, mein Lieber? Sehen wir da nicht lauter Monaden? Sehen wir da nicht vor lauter Einzelmonaden kein Zwiegespräch mehr? Ist das nicht eine völlige Ununterscheidbarkeit zwischen dem Bezeichnenden und dem Bezeichneten, zwischen Innen und Außen, zwischen Dir und Dir? Und Dir fehlen die Worte dafür? Meinst Du das? Und das macht Dich kirre? Dieser alte, immer wiederkehrende philosophische Käse? Oder ist das nicht vielmehr ein Angstzustand, eine Angst vor der Angst, die Dein Bewußtsein durchdringt wie Licht das Fenster. Ist also Dein Brief nichts als eine parfümierte Angst? Du aber willst anfangen, »mit dem Herzen zu denken«. Begriffslos denken. Stumm denken. Dein »unbenanntes seliges Gefühl« wird Dir also »eher aus einem fernen, einsamen Hirtenfeuer« hervorbrechen »als aus dem Anblick des gestirnten Himmels«. Womit der Kant ja wohl erledigt wäre. Fürs Anakreontische fehlen Dir doch die Worte! Ist es dann nicht Sturm-und-Drang-Romantik? Fragen Fragen Fragen Fragen.

Und ist es andererseits nicht auch dies: Der berühmte Kloß im Hals. Die gewisse Losigkeit. Angst vor der eigenen Stimme. Daß man sie nicht erkennt. Daß man sich umdrehen müsse, als spräche ein anderer. Wenn nur einer in einem Raum ist, wie Franz sagt. Wenn aber dieser eine nicht eins ist. Die Verselbständigung des nicht mehr Selbstverständlichen. Die ungeahnten Außenorgane, die man plötzlich an den Tag legt. Die Ich-Ausbürgerung, die erlebte. Das Schlingpflanzen-Ich, das in diesem Raum schon ist, den ich gerade betrete. Die alten verlassenen Räume, die nicht gealtert sind. In die man wieder hineintritt, die einen schon erwarten. Hemmschwellenerhabenheit, die man sich vortäuschte, die einen hinterrücks einholt. Der mit dir selbst besetzte Raum, der dich außen vor läßt. Geschlossene Gesellschaft, die du selber bist. Du gehst in diesen Raum, in diesen von dir selbst großgezogenen Raum, als ein Gebückter, der in seine ausgestellten Eingeweide vordringt. Sollen wir also den Kopf aus dem Bett oder sollen wir aus dem Bett besser die Füße hängen lassen?

Reden wir da aneinander vorbei? Hättest Du Dich nicht klarer ausdrücken können? Glaubst Du, Du hast eine Deinem Bewußtsein entsprechende Sprache gefunden?

Immerhin, das ist ja eine dem Deutschen verwandte, wie Oskar sagt, das ist ja eine einer Sprache nicht unähnliche Sprache, die da ins Tageslicht kräht, was aber ist der »Zustand meines Innern«, meintest Du den Zustand des Erinnerns oder den erinnerten Zustand? Wenn Du bei Sinnen bist, dann ist Deine Sprache ja nicht draußen. Ist der Zustand Deines Innern eine Erschütterung? Schleichend ist Dir also etwas abhanden gekommen. Das, was Dir abhanden kam, ist schon lange so dahingeschlichen, bis es sich Dir als ein Verlust einstellte.

»Ich spielte auch mit anderen Plänen«, sagst Du. »Ihr gütiger Brief läßt auch diese heraufschweben«, sagst Du. »Jedweder vollgesogen mit einem Tropfen meines Blutes, tanzen sie vor mir wie traurige Mücken an einer düsteren Mauer, auf der nicht mehr die helle Sonne der glücklichen Tage liegt«, sagst Du. Was soll denn das? Die gezählten, die glücklichen Sprachtage, da Adjektive noch nichts Abscheuliches hatten. Als Du noch im Sandkasten sitzen konntest und Dein Hab und Gut noch einfach und überschaubar war, da es in den Hosentaschen steckte. Dir muß wohl der Abrißkalender nachgegangen sein. Man sieht grell wie düster nichts.

Ein empfindlich organisiertes System wie Du, das die Dinge denkt, das Stummheit denkt, das sprachlos denken will, das denkend und sprachlos eine Verselbständigung der Dinge erlebt, erfährt also plötzlich ein Eigenleben der Wörter, ein parallellaufendes Bewußtsein, das sich plötzlich selber beobachtet, das sich nicht mehr in Begriffe faßt, das außer Kontrolle geraten ist. Sagte da ein gewisser Franz Schinken nicht, »die Menschen glauben, daß ihr Geist dem Worte gebiete; aber oft kehren die Worte ihre Kraft gegen den Geist um«.

Und ein anderer, der Du bist, sagte der nicht mal: »Wir haben nichts als ein sentimentales Gedächtnis, einen gelähmten Willen und die unheimliche Gabe der Selbstverdopplung. Wir schauen unserem Leben zu.«

Und Du starrst die Begriffe an, ein Wortstarren, und es ist Dir aber, als starrten die Begriffe sich nur gegenseitig an und nähmen von Dir keine Notiz. Du gleitest, Dein Bewußtsein gleitet auf der Oberfläche der Wörter ab. Das eine zeigt auf das andere, und keines zeigt auf Dich. Es ist ein Springtanz, das Lesen und Sagen und Hören. Es ist ein geschlossener Ringelreihen. Kein Hier und kein Jetzt. Es ist kein Ursprung da, sagt Kollege Derrida Jahrzehnte später. Und das ist ja schon die Identitätslöschung »Ich«. Und dann, mein Lieber, Glossolalie, konkret und laut, Mikroartikulationen, die Valorisierung des Profanen, der zur Figur werdende Grund, Katastrophe und Offenbarung.

Und schließlich: Ihr Brief, verehrter Herr Direktor, macht mich ganz konfus, ich durchquere Ihren Brief so an die hundert Mal und finde keinen Eingang, finde keinen Ausgang. Mal erscheint er mir völlig durchleuchtet, ideengeschichtlich ad acta, mal fühle ich mich als lesender Trottel vom Dienst, kurz, es ist kein Auskommen mit diesem Rätsel. Ich wollte Ihrer Durchlaucht nur Mitteilung machen, das wahrnehmende und durch die Einkaufsstraßen pilgernde Hirn ist nie so geschwollen wie Ihr begriffsstutziger Bleifuß, nie so begriffsstutzig wie Ihre über jede Erhebung stolpernden Bewußtseinsschnellen, das durch die Einkaufsstraßen pilgernde Hirn ist die ohnmächtige Oberfläche, ja die Griechen »waren oberflächlich – aus Tiefe!«, nicht wahr. Und doch – hat es sich nicht wieder eingerenkt, das Verstummen? Ist nicht alles wieder in eine Ordnung zurückgekehrt, die bewußtlos gar keine andere kannte und schon gar keine dissoziierte, aus der Sprach- und Bewußtseinsbahn Geworfene? Alles fließt weiterhin – und der Kosmos im Inneren, ist der nicht vielleicht nur ein Sichfesthalten, ein mickriges Kernbewußtsein, das sich groß und unendlich dachte, ohne Ursprung, tatsächlich aber nur von einem Spiegelbild ins andere reflektierte, Schein des Scheins?

Ihr Brief, Eure Majestät, ist mit allen Bewußtseinswassern gewaschen. Noch immer nicht ist es ausgemacht, ob die Welt am Bewußtsein oder umgekehrt das Bewußtsein an der Welt schuld ist. Ist die Moral am Ende? Es ist doch vielmehr auch ein wiedergefundenes, ein beginnendes Leben. »Es gibt einen Satz, der unangreifbar ist, nämlich der, daß man Dichter sein kann, ohne auch irgendjemals ein Wort geschrieben oder gesprochen zu haben«, sagt Kollege Artmann. Und das ist doch schon ein Trost. Haltlos sind wir. Zweifellos. Jeder ein Neues Atlantis.

Against Rhetoric: A Letter to Lord Chandos, 1603

Multum incola fuit anima mea.
(Sir Francis Bacon)

That your soul is sometimes strange to you,
is as it is and will become more so.
You are still unbearably young, a prodigy
who weeps like a man of forty
because a beetle must swim coast to coast
in a pail of water, forever. You weep
with the incoherent love of Crassus
for his red-eyed lamprey. "For me,
everything disintegrated into parts,
those parts again into parts ..."
Red-eyed, you despise Crassus.
Your world has fallen out of argument,
a rupture that Sir Francis condemns
as "broken knowledge", a pause
which finds its echo at the ends of the earth
and is answered by silence in the soul.

Entgegen der Rhetorik. Ein Brief an Lord Chandos, 1603

Multum incola fuit anima mea.
(Sir Francis Bacon)

Daß Dir Deine Seele manchmal fremd ist,
ist, wie es ist, und wird sich noch verstärken.
Du bist noch unerträglich jung, ein Wunder,
das weint wie ein vierzigjähriger Mann,
weil ein Käfer in einer Gießkanne ewig
von Ufer zu Ufer schwimmen muß. Du weinst
mit der wirren Liebe eines Crassus
zu seiner rotäugigen Muräne. »Es zerfiel
mir alles in Teile,
die Teile wieder in Teile …«
Rotäugig verachtest Du Crassus.
Deine Welt ist nicht länger zu verteidigen,
ein Riß, den Sir Francis verdammt
als »trügerisches Wissen«, ein Innehalten,
der Widerhall findet an den Enden der Erde
und beantwortet wird mit Stille in der Seele.

There are things multifareous, so much
simultaneous, shapeless, beyond scale …
You are right to give up your *Apophthegmata*.
Caesar wore out his grasp on such gestures.
See his portrait by De Gheyn, an indifferent
history painter, whose virtuoso emperor
dictates three letters while writing a fourth
on horseback. Forget Caesar.
De Gheyn has made a book of small beasts
brought to strangeness, as if glimpsed before
the idea of them has equipped the eye:
a mouse as a powerful whirl of dust,
a frog's back like a sandbank rising in water
swimming with oil; a blue flower cursed
with the preternatural colour of first things first.
Steady, Chandos. We are out of rhyme.
Note the flaw in the empty eye.
When things lift away from themselves,
we can do no more in words than meet them
with a similar. Why not remain speechless?
Theaetetus complained to Socrates
of dizziness when asked to see beyond what is
as it is named. His sickness was wonder.

Es gibt vielfältige Dinge, so
gleichzeitig, formlos, nicht zu messen …
Du tust recht daran, Deine *Apophthegmata* aufzugeben.
Cäsar verlor seinen Biß durch solche Gesten.
Schau sein Porträt von De Gheyn, einem unbedeutenden
Historienmaler, dessen virtuoser Kaiser
gleichzeitig drei Briefe diktiert, während er einen vierten
auf dem Pferderücken schreibt. Vergiß Cäsar.
De Gheyn machte ein Buch mit kleinen Monstern,
seltsam entstellt, wie erahnt, bevor
die Idee von ihnen ins Auge springt:
eine Maus als mächtiger Staubwirbel,
ein Froschrücken wie eine aus dem Wasser ragende Sandbank,
die in Öl schwimmt; eine blaue Blume, verflucht
als Wichtigstes zuerst, die Farbe übernatürlich gesucht.
Ruhig, Chandos. Wir machen uns keinen Reim mehr.
Bemerk den Fehler, den das leere Auge begeht.
Wenn die Dinge sich von sich selbst abheben,
können wir mit Worten nichts tun, als ihnen
mit ähnlichem zu begegnen. Warum nicht sprachlos bleiben?
Theaetetus beklagte sich bei Sokrates
über Schwindelgefühle, aufgefordert, weiter zu sehen
als die Benennung. Seine Krankheit war Staunen.

(Aus dem Englischen von Raphael Urweider)

Andrea Paluch und Robert Habeck

Lieber Philipp,

vor hundert Jahren ist Dein Brief durch eine gewollte Indiskretion öffentlich geworden. Wir wissen natürlich nicht, ob Dich dieser runde Geburtstag eines Stückchens Papier freut, und noch weniger, ob Du von der Flut von Gratulanten, die Dir nun, ein jeder mit seinem eigenen Stück Papier, zu Leibe rücken, erbaut bist. Immerhin gibt es ja den nicht ganz unbegründeten Verdacht, daß die Publikation erst durch Dein Zutun möglich geworden und Deiner Koketterie das ganze Aufheben nicht ganz wesensfremd ist. Aber letztlich ist es auch egal, ob es Dich freut oder nicht, die Frage ist vielmehr, ob Du im hundertsten Geburtstag Deines Briefes ein Ereignis siehst, einen Jahrestag, der eine Würdigung verdient hat. Symbole haben Dir ja immer viel bedeutet und äußere Anlässe und die Stilisierung von Gegebenheiten auch. Aber hast Du einmal überlegt, was sich da tatsächlich jährt? Du täuscht Dich nämlich, wenn Du glaubst, ein ursprüngliches Ereignis beschwöre all die Glückwünsche auf Dich herab. Vielmehr gibt die erste Dreistelligkeit eines abstrakten Numerierungssytems nämlich den Anlaß. Im Grunde feiert die 100 nicht Deinen Brief, sondern sich selbst. Zum zehnten Mal steht eine Null hinter der Eins, aber daß Nullen eine runde Summe abgeben, das ist nirgends vorgegeben. Es gibt x andere Zahlensysteme, es gibt Stöckchen, Knoten in Schnüren und die Ziffernkolonnen auf Silikon, die nur nach Sein oder Nichtsein unterscheiden. Der Glaube, unser Dezimalsystem sei das alleinseligmachende, das ökonomischste, das schnellste, belegt nur, daß es andere Hinsichten gibt, die es besonders schwach erscheinen lassen. Nun liegt uns nichts ferner, als Dir Deinen Jahrestag zu vermiesen. Wir gönnen ihn Dir von Herzen, nur warst Du ja immer einer, der wirklich wissen wollte. Deshalb solltest Du jetzt auch nicht blind drauflosfeten. Denn hinter Deiner Hundert steht kein Ding an sich, keine Wahrheit, die unabhängig wäre von der abstrakten Zahl. Noch nicht einmal Dein Brief kann sich als »Selbst« reklamieren, das eigentlich wäre. Denn leider steht zu befürchten, daß es sich mit der Sprache, der Literatur und der Kunst ganz ähnlich verhält wie mit den Zahlen. Darüber, was Kunst ist, hast Du so viel gelesen wie wir. Und das Problem aller Antworten, die auf die Frage nach dem Wesen der Kunst mit einer substantiellen Bestimmung Rede stehen, ist, daß sie etwas behaupten, was nur nachvollziehbar ist, wenn man es mit den Augen, dem Herzen oder dem Hirn der Kunst wahrnimmt. Insofern sind Behauptungen über einen an und für sich seienden Gehalt der Kunst entweder leer oder aporetisch. Die größere Tiefe, Reinheit, Eindringlichkeit, Einheit, die sich in der Kunst angeblich zu Wort melden soll, wird entweder schon durch diese Erklärung zunichte gemacht, oder die Tatsache, daß dies erklärt werden kann, zeigt gerade, daß die Kunst nichts Unsagbares sagt. Der Zusammenhang, den Du in Deinem Brief zwischen Kunst und Dingen, Tieren, Menschen in ihrer namenlosen, unbezeichneten, unstrukturierten Existenz herstellst, ist derselbe, der zwischen der Zahl 100 und einer konkreten Anschauung dieser Ziffer herrscht, also gar keiner. Was nicht sprachlich (oder in den x anderen Formen der Weltwahrnehmung) erfaßt ist, befindet sich in einem Zustand des Vorseins und ist somit nicht zu beobachten. Es gibt nichts sinnvoll Annehmbares, was sich jenseits eines Begriffes befindet. Du bist einer Metaphysik auf den Leim gegangen, die Dichter wie Du entwickelt haben, um ihrer Existenz, die aus Luft Schlösser baut, den Status eines Broterwerbs zu verschaffen. Tatsächlich liegen die Dinge etwas komplizierter, nämlich nicht in einem unversehrten Jenseits der Sprache, sondern sie liegen zwischen den Wörtern verborgen. Leider ist Kunst nicht natürlich, sondern der Versuch, die eingeschliffenen Muster, Satzstrukturen und Worte, Laute, die Seh- und Hörgewohnheiten zu verändern. Nicht, weil Kunst irgend etwas wüßte, ahnte, schaute, fühlte, was sonst nur der Himmel wüßte, sondern weil Kunst die Wirklichkeit aus einer speziellen Perspektive beschreibt. Sich und sein Tun so zu begreifen, ist natürlich viel weniger schick, als von sich selbst als Dichterseher zu schwadronieren, es ist mühsam und eine Arbeit, die zu keinem Ende kommt, weil sie kein Ende kennt. Ein Zuviel an Abweichung verträgt Kunst ebensowenig wie die nur mimetische Reproduktion alter Floskeln. Beides macht sie mundtot.

In Deinem Brief steht die Hoffnung, daß sich Deine Sprache den Dingen anverwandeln kann. Inzwischen solltest Du verstanden haben, daß das unmöglich ist. Dem einzigen, dem sie sich angleichen kann, ist die Sprache selbst, die aber immer unvergleichlich bleiben wird. Und deshalb ist die Idee, daß Kunst sich irgend etwas anverwandeln sollte, keine besonders gute. Die Sprachvorstellung, die sich an einer fixierten (aber unbestimmten) Vorgabe ausrichtet, wurde Dir zum Medusenhaupt, nicht Dein ästhetisches Vermögen, sondern Dein Handwerk. Alles, was an Deiner Lyrik der Sprache neue Möglichkeiten gab und ihr ihre vergessenen Potentiale vorführte, wurde knöchern und brüchig, je mehr Du versucht hast, scheinbaren Chiffren Inhalt zu geben. Du hast genau dort nur die Hülsen alter Formulierungen ineinandergeschachtelt, wo Du verdrängt hast, daß Dein Material nicht die Gedanken, Gehalte oder Bedeutungen sind, sondern die Sprache selbst, und daß Sprache – dreh es wie Du willst – abstrakt und sogar arbiträr ist, ein Material aus Atem und Unsichtbarkeit. Das Unaussprechbare ist nicht ihr Endziel, sondern ihre Triebkraft, das Löchrige, über das Du jammerst, ist ihre Grundverfassung, die Abschluß und Vollständigkeit per se verhindert.

Nun haben wir Dir zum Festtag einen Zahn gezogen. Sorry, Mann. Doch im Grunde sind wir überzeugt davon, daß Du es besser wußtest. Es ist natürlich kein schlechter Trick, sich selbst zu beweihräuchern, aber letztlich willst Du wie wir doch gar nicht wissen, daß sich alle Kunst im großen ehrfürchtigen Verstummen vor der Unsagbarkeit gleicht, sondern worin sie sich unterscheidet. Deshalb soll sie beweglich sein, ihre Gegenwart durchforsten und um ihre Prämissen wie ihre Geschichtlichkeit wissen.

Nichts liegt uns ferner, als Dir Deine Festsuppe zu versalzen. Nur sollten wir nicht so tun, als würde Dein Brief gefeiert, weil er gültig, schön oder weise ist. Er begeht seinen Festtag nur, weil er Teil des öffentlichen Marktes geworden ist, zu dem die Kunst ihre Haut trägt.

Skål!

Andrea und Robert

Brigitte Kronauer

Brief an das Pferd des Lord Chandos

»... starb mit verzerrten Zügen, die Lippen so verrissen, daß Zähne und Zahnfleisch entblößt waren und ihm einen fremden, bösen Ausdruck gaben.«:

Pferd, das seinen Lord brav und kaum erwähnt an den vergitterten Stubenfenstern seiner Bauern vorüberträgt! Gemeint ist im Zitat nicht Deinesgleichen, aber es soll doch offensichtlich Deine Spezies assoziiert werden, und zwar die Grimasse eines tückischen Kumpels von Dir, der einem Menschen, eben dem oben geschilderten Sterbenden, mit augenscheinlich mörderischem Vorsatz gerade per Hufschlag den Todesstoß versetzt hat.

Das Opfer ist ein Mittzwanziger wie Dein Herr Chandos, hat aber schon sieben Jahre früher als dieser, also 1895, das Licht der literarischen Welt erblickt. Beide Männer, jung und reich, stecken in einer Lebenskrise. Wie Dein Lord hat der müde, müde Kaufmannssohn des *Märchens der 672. Nacht* durch vergitterte Fenster in eine fremde Welt, nämlich in die Behausungen von Leuten der Unterschicht gesehen, er allerdings abgestoßen von der armseligen Oberfläche der Dinge und nicht sehnsüchtig nach ihrer »Offenbarung« spähend wie Dein Lord.

Da liegt eventuell der Unterschied: Der Sterbende verharrt trotz seines Elends ratlos im Elitären seiner Klasse, der Lebendige verläßt, zumindest innerlich, die seine und begibt sich mit einigermaßen vollem Risiko ins nicht erwünschte, jedoch notgedrungen Elitäre der Kunst, das allerdings ein klassenunabhängiges ist.

Was solches Abrakadabra nun aber Dich, Roß, undämonischer Heufresser und selbstverständlich dienstbarer Vierbeiner, angeht? Geduld! Von Beginn der Geschichte an strebt der Kaufmannssohn, der so sehr zum Genuß der Schönheit neigt, jedoch von Deinesgleichen, bescheidenes Pferdchen, nichts versteht, seinem kläglichen Ende entgegen. Nur scheinbar geleiten ihn die Dinge, die Diener und Gegenstände seines Besitzes in den speziellen Untergang mit geheimnisvollen Winken, mit Signalen, denen er, ohne sie zu enträtseln, widerstandslos folgt.

Was hättet ihr, Rappen, Schimmel, Füchse, ob nun Hengst, Stute oder Wallach, auch wohl für ein Interesse an diesem müden jungen Greis! Er selbst und kein anderer hat die Fußangeln gelegt und das Netz geknüpft, in dem er zugrunde geht: Er verstrickt sich in dem, was er einem Blick und einem Lächeln, einem Schmuckstück und einem Mehlsack an Bedeutung unterlegt. Ihn interessieren nicht die Dinge selbst, sondern allein, in welcher Weise sie Diener eines erdachten Sinns und parfümierten Tiefsinns, einer großartigen überlieferten Idee, einer Gedichtzeile sind – bis er darin umkommt.

Das Gegenteil ist Deinem Herrn passiert, und er macht zunächst ein großes Geschrei um seine neue Not und Freiheit. Er nämlich fällt raus aus der schönen Bequemlichkeit zwischen Individuum und Tradition, Kunst, Rhetorik, moralischen Übereinkünften und Phrasen. Sogar das simple Hü und Hott der Wörter verweigert sich ihm, nachdem er einige Jahre lang ein wahres Monstrum an frühreifer Virtuosität und alter nobler Formenakrobatik gewesen sein muß – und sich dabei für einen Dichter gehalten hatte. Jetzt steht er, bis eben noch Mutter- und Mustersöhnchen erlesener Überlieferungen, plötzlich Hund und Käfer, Ratte und Gießkanne ohne Prothesen gegenüber, keine Rollenvorgabe, kein Kostüm, keine Rangordnung und, offenbar das Allerschlimmste: keine Absprache beziehungsweise Sprachregelung.

Die Literaturwissenschaft hat ein Riesengeschrei darüber angestimmt, lauter als der Lord Chandos selbst, ganz so, als hätte sie den Brief gar nicht zu Ende gelesen. Sie hat, vierbeinig dienstbarer Geist, den Kummer Deines von seinen frischen Umständen verdutzten Herrn zum Lesebuchwappen der Moderne stilisiert. (Dabei, Pferd, was wäre schon Schlimmes daran, wenn im verkommenen Sprachlärm jemand wirklich einmal verstummte und begriffe, daß man mit einem dezenten Zucken des Fells oder der Ohren sehr vielsagend reden kann): »Das Vertrauensverhältnis zwischen Ich und Sprache und Ding ist schwer erschüttert. Das erste Dokument, in dem Selbstbezweiflung, Selbstverzweiflung und Verzweiflung über die fremde Übermacht der Dinge, die nicht mehr zu fassen sind, in einem Thema angeschlagen wird.«?? So glaubt voll sogenannter Sprachskepsis, dafür ohne Selbstzweifel – und vertritt damit die offizielle Interpretation – die berühmte Lyrikerin Ingeborg Bachmann.

Dabei müßte gerade sie es besser wissen. Dein guter Chandos, Rößlein, macht, und sei es auf Biegen oder Brechen, die unerläßliche und keineswegs gefahrlose Krise eines jeden ernstzunehmenden Künstlers durch. Ein Schock, erst recht, wenn er bis dahin Wunderkind und -jüngling war! Was einmal allzu schmiegsam von der Hand ging, als würde die Welt von ihrer Artikulation als einer Art Emulsion umschlossen, stellt sich heraus als befristetes Geschenk. Dauerte es länger, würde es schimmeln und Stockflecken kriegen. Das wie geschmiert funktionierende »Vertrauensverhältnis zwischen Ich und Sprache und Ding« muß sich eben irgendwann zersetzen, damit aus souverän und mit großem Kunstverstand verwalteten Erbschaften neue, persönliche Eigentumsverhältnisse entstehen.

»Fremde Übermacht der Dinge«? Die Moderne ist doch den genau entgegengesetzten Weg gegangen, nämlich den in die Abstraktion, in Simulation, Virtualität als sehr dünne Karikatur von Metaphysik (oder deren Substitut?) und platzt darüber bis heute vor Stolz, jawohl, Du Gott sei Dank leibhaftiges Pferd mit dem schönen, epochenlang von allen möglichen Künstlern so prächtig gemalten unspirituellen »göttlichen, tierischen« Hinterteil! Nein, ausgerechnet als Emblem für das 20. Jahrhundert und seine unermüdlichen Sprechproben, ich meine Sprachproduktionen, in denen die plastischen Gegenstände beinahe verschwunden sind und jedermann wie verrückt geworden Bücher verfassen will, taugt die gut beschriebene Krise Deines Lords absolut nicht.

Mit anderen Worten: Es geht Deinem Herrn gut, es geht ihm glänzend, selbst wenn er wirklich nie wieder ein Verschen schreiben sollte. Er fängt sogar eben erst richtig zu leben an. Auch wenn er den Kopf, der noch vor kurzem schwärmte von einer Darstellung der Verbundenheit der Wesen, hängen läßt, weil er diese Verwandtschaft, die er sich anders ausmalte, jetzt, sporadisch aber brutal, in Fleisch und Blut *erfährt*.

Du wirst es längst gemerkt haben, an den Wegen, die er wählt, an der Weise, wie er auf Deinem Rücken sitzt. Was hat er gewonnen (und Du mit ihm, ob Du nun ein Rassepferd bist oder eine Schindmähre wärst)? Statt Dryaden und Sirenen den Anblick eines Krüppels, Hundes, womöglich Pferdeohres in der Sonne, der ihn vor Entzücken für den kurzen Moment seiner Offenbarung (nicht fotografierbar! So was!) fast aus dem Sattel stürzen läßt: die Gegenwärtigkeit, die mehrdimensionale Gewalt der Gegenstände in ihrem einmaligen Erscheinungsmodus, sei es dem der Prallheit oder Zerknitterung, unabhängig von irgendwelchen Albereien einer Bedeutungshierarchie, ob die nun adlig, ästhetisch, biederbürgerlich wäre. Die Leere zwischendurch? Mein Gott, das Übliche nach der Euphorie. Die gibt es doch nie in Permanenz. Eine geradezu physiologische Notwendigkeit. Fühlst Du Dich nicht auch nach einem Höchstgeschwindigkeitsritt ausgebrannt und fängst doch schon bald wieder an, nach einem neuen zu gieren? So etwa stell Dir das vor! Eine Dich und den Reitersmann dabei »durchwebende Harmonie«? Gewiß. Nur so kommen ja Berauschung und Tempo zustande.

Nicht entscheidend also ist, daß der so eloquent Verstummte zu seinem Kummer nicht weiß, in welcher

Sprache er dauerhaft mit den Dingen und Geschöpfen, vor denen er zum ersten Mal in seinem Leben in die Knie geht, und zwar tiefer als ehemals vor den Kunstheroen, reden soll. Er hat eine Ahnung von ihr, das genügt. Das genügt vollkommen als schmerzhafter Antrieb. Nicht Du, Pferd, begrifflos redende Kreatur, gehörst ihm. Du bist es, der nun ihn besitzt.

Zwei Jahre bevor Dein Lord seinen Brief schrieb, starb jener Philosoph, der vermutlich wie kein zweiter das damals gerade eingeläutete Jahrhundert beschäftigte. Circa ein Jahrzehnt vor seinem Tod hatte er in Turin auf offener Straße in aufwallendem Mitgefühl einen geschlagenen Kutschengaul umarmt – der ehemals so Sprachgewaltige verabschiedete sich respektgebietend in die Geistesverfinsterung. Trage Du, Pferdchen, den glücklicheren, den angeschauten Gegenständen lauschenden Herrn Chandos, der irrtümlich vom 20. Jahrhundert als seinesgleichen vereinnahmt wurde, ins 21., damit in ihm Glamour, Glanz und Würde der »stummen Dinge«, damit endlich der herzbewegende Tief- oder Hochsinn der konkreten Oberfläche (Pferdeauge, Pferdeapfel!), allen anderslautenden Prognosen zum Trotz, – –

Roß, wir verstehen uns?

Stephan Wackwitz

Abschied.

Ich möchte an einem Nachmittag sterben, Lord Philipp.
In einer fremden Stadt. Vor dem offenen Fenster
Geht das Fußballspiel weiter unter den Bäumen,
Hinter dem Drahtzaun. Die Rufe der Jungen, nicht älter
Als mein Sohn jetzt (der von nun an nie mehr älter wird),
In einer fremden Sprache, der Ball auf dem Asphalt.

Später, es wird fast schon Abend sein, das langsame Aufgehn
Des Munds in meinem noch nicht ganz kalten Gesicht,
Das tiefe Dampfhorn der Schiffe im nahen Hafen
(Es wird in dieser Stadt dann plötzlich einen Hafen geben).
Der Flug von etwas, das einmal ich war, auf das Meer hinaus,
An dem die Stadt jetzt plötzlich liegt, der Aufbruch aufs Meer,

Der hinter allem war, was ich je sagen wollte
Und gesagt habe, der Sonnenschein des Abends

Auf den Bergen hinter einer gemalten Hafenlandschaft
Aus dem achtzehnten Jahrhundert (»Einschiffung nach Cythera«).
Eine der Damen wird sich noch einmal umdrehn nach mir,
Der gerade doch noch da war, sie wird denken:

»Er ist schon vorgegangen. Keiner geht jetzt mehr verloren.«
Und während Sie, Lord Philipp (ein anderer), auf den Nachtzug warten
Am Stuttgarter Hauptbahnhof (wir waren im La Concha, drei Bier),
Flieg ich über leere Kontinente aufs Meer (das Kind, das ich war).
Sie werden für immer dasein: Die Muräne des Crassus, das Astrolabium,
Die Dame, die sich noch einmal nach mir umdreht, das Meer

Auf jenem Bild, der rote Kieselstein, den mein Sohn jetzt gerade
In der Hand hält, die Geschicke eines Steins seit Beginn der Welt.
Der Zahir, das Hirtenfeuer unter einem Himmel, den niemand sieht.
Das Zirpen jener Grille im Herbstwind. Die Jakaranden von Madeira.
Die Azaleen auf dem Hira. Eine bestimmte Biegung des Wegs
Von Kamakura nach Shin-Zushi, den ich nie mehr gehen werde.

Eine Dame, die sich noch einmal nach mir umdreht. Der Aufbruch aufs Meer,
Der hinter allem war, was ich je sagen wollte.

Viktor Pelewin

Aufzeichnung über die Suche nach dem Wind

Brief des Studenten Lu Hong-jian (»Gemessenheit der Normalisierung des Chaos«) an den Meister Jian Zi-ya (»Eleganz der Weisheit«)

Ich beantworte Ihren Brief, Herr Jian Zi-ya, mit einiger Verzögerung. Die Kunde von den Ereignissen, die dazu führten, dürfte bis zu Ihnen vorgedrungen sein. Persönlich habe ich in den Wirren keinen Schaden genommen; möge das Unglück auch um Sie einen Bogen gemacht haben. Es ist noch nicht so lange her, daß wir in den Gelben Bergen, beim Zirpen der Zikaden, die Becher erhoben – doch wieviel hat sich seitdem verändert rings um uns her! Viele, die gestern noch als Pfeiler im Weltgebäude galten, wurden in den Staub getreten; andere, dazumal im Zenit ihrer Macht und ihres Ruhms, sind heute mit Schande befleckt, und ihre Namen gleichen geplünderten Gräbern. Nur die Berge und Flüsse im Umkreis sind noch dieselben – wobei es einem bisweilen so vorkommt, als änderten auch sie nach und nach ihr Gesicht; einige Generationen werden vergehen, und nichts wird mehr erinnern an das, was war.

Natürlich muß einen das nicht wundern, liegt doch im Wandel die einzige Beständigkeit, die der Himmel uns geschenkt hat. Wer sich sicher auf dem Weg weiß, den machen die Veränderungen nicht bange, denn seine Seele ist tief, und in ihr herrscht Ruhe immerdar, mag die Welt noch so von Wellen gepeitscht sein. Diese Wellen soll man nicht fürchten – ähnlich dem Sonnenspiel auf dem Perlmutt der Muschel sind sie nur Schein. Wobei man andererseits auch der Ruhe nicht zu sehr anhängen sollte – Ruhe und Störung sind zwei Spielarten ein und desselben, und just dann verliert man den wahren Weg, wenn einem manche Illusionen wichtiger dünken als andere.

Nebenbei gesagt, kann ich mir gut vorstellen, Herr Jian Zi-ya, daß meine Betrachtungen Sie lächeln machen. Und in der Tat: Ist es nicht komisch, wenn ein Unwissender darüber räsoniert, was einer fühlen soll, der auf den Weg gefunden hat – noch dazu in einem Brief an ebendiesen Mann?

Einzig Eure Gewohnheit, Worte geringzuschätzen, läßt mich hoffen, daß Ihr dem armen Literaten auch diesmal verzeiht. Wahrlich, es ist so, wie Ihr zu sagen pflegt: »Drei Worte gebären zehntausend Übel!«

In Ihrem Brief erkundigen Sie sich, ob ich denn noch interessiert sei an der Idee, die geboren wurde, als Sie mir auf Ihrem Landsitz vom Pulver der fünf Steine zu naschen gaben. Sie äußern die Befürchtung, ich könnte in der Hitze des hauptstädtischen Treibens vergessen haben, was mir in jener Nacht widerfuhr. Um Ihnen vorzuführen, wie lebendig die damaligen Geschehnisse in meinem Gedächtnis verwahrt sind, erlaube ich mir, die Umstände, unter denen besagte Idee zustande kam, in Erinnerung zu rufen.

Die Nichtswürdigkeit zeitgenössischer Dichtung vor den großen Büchern des Altertums war unser Thema gewesen, die ich darauf zurückzuführen suchte, daß unsere Zeitgenossen zu weit vom wahren Wege abgekommen seien. Die Menschen seien zu jeglicher Zeit gleich weit vom Wege entfernt, wandten Sie ein, nämlich unendlich weit. Aber haben die Allerweisesten nicht gelehrt, den Weg in allem zu sehen, was uns umgibt, gab ich zu bedenken, und muß er darum nicht vor unseren Augen sein? Da entnahmen Sie, Herr Jian Zi-ya – wissen Sie noch? –, Ihrem Gürtelsäckchen den Phönix aus weißem Jade, den ich Ihnen erst kurz zuvor für fünf Liang Gold abzuhandeln versucht hatte, und Sie fragten mich, ob er mir immer noch gefalle. In der Annahme, meine Worte könnten an Ihr Herz gerührt haben, sah ich erfreut ein Geschenk auf mich zukommen und bestätigte, jawohl, er gefalle mir immer noch sehr, worauf Sie den Phönix wieder in Ihrem Säckchen versenkten. Ich wollte wissen, was das heißen sollte. Den Weg zu sehen und über ihn zu verfügen sei eben zweierlei, antworteten Sie.

Nach diesen Worten gab es für uns viel zu lachen; dabei stieß Ihr Fuß gar das Teebrett um. Daß eine nüchterne und präzise Beobachtung so viel Heiterkeit in uns auslöste und ich noch dazu im ganzen Körper ein Kribbeln spürte, läßt vermuten, daß das Pulver der fünf Steine zu diesem Zeitpunkt seine volle Wirkung entfaltet hatte.

Meine Gedanken strebten in alle Richtungen zugleich, und eine auf dem Jahrmarkt gesehene Hunnenprinzessin kam mir in den Sinn, die mit ihrer Scham Eisennägel aus einem Holzklotz zog. Mir ging plötzlich mit Verwunderung auf, daß das Volk der Hunnen ja gar keine Nägel produziert, so daß das miterlebte Schauspiel – die um das Podium gescharte faszinierte Menge, die wüsten Zuckungen und Schreie der in einen Wolfspelz gehüllten Schamanin und der übelriechende Handlanger, der die Nägel mit dem Scherben einer bronzenen Glocke in den Klotz schlug – wohl kein barbarischer Exzeß, sondern die Apotheose unserer eigenen Kultur war, die immer nach einer Möglichkeit sucht, in den Balg eines wilden Tieres zu schlüpfen und das Gesicht dabei zu wahren. Diese Erinnerung und dergleichen hauptstädtische Reminiszenzen müssen mir die Äußerung entlockt haben, das Handwerk eines Dichters unterscheide sich doch heutzutage vom Treiben der Hunnenprinzessin allenfalls darin, daß ersterer seine Nägel selber einschlagen müsse, und ein sicheres Fundament finde der Geist nurmehr im klassischen Kanon. Das sei schon immer so gewesen, entgegneten Sie – nur daß einem die Jahrmarktkunststückchen von anno dazumal in Zeiten des Niedergangs wie heilige Exerzitien erscheinen. Und insofern eine jegliche Zeit als Zeit des Niedergangs anzusehen sei und nur die Devisen der Herrschenden wechseln in der Welt, bestehe der sogenannte klassische Kanon aus jenen Inschriften auf den alten Ruinen, die wir noch zu entziffern vermögen. Von daher sei der Kanon einer jeden Epoche so einzigartig und so gewollt. Worin die heiligen Exerzitien der Alten tatsächlich einmal bestanden, fügten Sie betrübt hinzu, davon haben ihre heruntergekommenen Nachfahren nicht einmal eine Ahnung – sie gehörten denn zur Zunft der Budenzauberer und Dichter.

Als ein Exempel für derlei Zauber und Kaffeesatzleserei führten Sie den gerade in Mode gekommenen Roman *Die Reise nach dem Westen* an. Ich hatte vor zu widersprechen, denn ich halte dieses Buch ungeachtet seiner stilistischen Schönheitsfehler für eines der besten Werke der zeitgenössischen Literatur – doch plötzlich ging mein Denken in eine ganz andere Richtung. Die Geschichte von dem Affenkönig und dem Tang-Mönch sei die Erzählung einer Reise, sagte ich – ob es hingegen möglich sei, eine Erzählung zu schreiben, die den Weg zum Zentrum haben würde? Gedankenverloren und schweigend saßen Sie eine Weile da – und dann schlugen Sie den Spaziergang in die Berge vor.

Ich muß nicht wiederholen, wie dankbar ich Ihnen, Herr Jian Zi-ya, für diese Lehre bin, wenngleich die Art und Weise, in welcher sie mir zuteil ward, mich bis zum heutigen Tag mit Schrecken erfüllt. Noch einmal bitte ich um Nachsicht dafür, daß ich mich aufführte wie ein törichtes Kind. Doch war das, was mir widerfuhr, so außergewöhnlich, daß der Wunsch, sich zu verstecken, mir auch heute noch als natürliche Reaktion erscheint. Was das unselige Mißverständnis um meinen Bauch angeht, so hat das Pulver der fünf Steine, wie man weiß, häufig diese Wirkung, besonders wenn zu viel Zinnober beigemengt ist. Nicht die Befürchtung, Sie könnten mich für einen Feigling halten, macht mich verlegen – Sie wissen, daß dem nicht so ist –, sondern daß ich Sie nötigte, des Nachts an Orten nach mir zu suchen, wo man sich auch tagsüber nur mit größter Vorsicht bewegen sollte.

Und keine Trübung meines Bewußtseins war der

Grund, daß ich Ihren Ruf unerwidert ließ. Im Gegenteil, ich kann mich nicht entsinnen, je klarer bei Bewußtsein gewesen zu sein. Allerdings hatte es sich gänzlich von den fünf Sinnestoren ab- und dem verborgensten Hinterstübchen des lichterloh flackernden Geistes zugekehrt. Und mühelos erschaute ich nun das, was mir vor Augen zu führen, nämlich vermittels des in Büchern Gelesenen oder in Gesprächen mit Wahrheitsfindern Erfahrenen, ich so viele Male Anlauf genommen hatte. Ich sah den Großen Weg, wie er ist und in sich ruht, auf nichts sonst fußt und an nichts weiter anknüpft. Und ich verstand, wieso der Versuch, ihn durch Besinnung und Urteilskraft zu gewinnen, zu nichts führt. Vergleicht man die Konstrukte des Geistes einmal mit Leitern, über die wir zu den letzten Geheimnissen gelangen sollen, so stellen wir sie nicht etwa an die Mauern der Festung, worin die Wahrheit wohnt, nein, wir lehnen sie nur gegen die Spiegelbilder dieser Leitern, nämlich gegen den Spiegel unseres eigenen Verstands, weshalb wir, so verwegen wir auch hinaufklettern und so weit empor wir auf ihnen auch gelangen mögen, am Ende immer wieder auf uns selber stoßen, ohne der Wahrheit nähergekommen zu sein – und ohne uns von ihr entfernt zu haben. Je länger die Leitern, desto höher im übrigen die Mauern: Denn die Festung selbst baut sich erst in dem Moment auf, da ihre Bezwinger antreten, und je dringlicher das

Begehren, sie zu stürmen, desto unbezwingbarer sie. Bevor wir nicht auf Wahrheitssuche gehen, existiert die Wahrheit nicht. Das ist die ganze Wahrheit.

Nachdem ich dies begriffen hatte, war mir der Sinn der alten Texte mit einemmal so offenbar, als hätte ich sie selbst verfaßt; die unergründlichsten Passagen in den Kommentaren wurden durchschaubar wie Schönschreibeschablonen. Zugleich verstand ich, warum es ganz sinnlos ist, sie zu lesen. Hätten die Himmel sich in diesem Moment über mir aufgetan, wäre die Sintflut losgebrochen – es wäre mir nicht aufgefallen. Und daß Sie mich fanden, bevor ich von irgendeinem Bergpfad in irgendeine Schlucht hinunterstürzte, scheint mir wirklich eine Gnade des Himmels gewesen zu sein.

Was war es noch, das ich begriffen hatte? Zum Beispiel, daß wir keine mit Bewußtsein gefüllten Gefäße sind, sondern beschriebene Seiten, die sich im Bewußtsein wiegen wie Grashalme im zarten Sommerwind. Bewußtsein an sich ist keine unserer Eigenschaften, wir nehmen es höchstens als solche wahr, so wie der Grashalm den Wind wahrnimmt: als eine Eigenschaft von sich, die ihn manchmal zu Boden drückt. Und auf seine Weise hat der Grashalm damit vollkommen recht. Woher soll er wissen, daß der Wind mehr ist als das? Er hat ja nichts, womit er hinaufschauen könnte, die großen Wolken zu sehen, die der Wind vor sich herschiebt. Und selbst wenn der Halm Augen hätte zu sehen, käme er auch wieder nur zu dem Schluß, Wolken und Wind seien eins – den Wind kann man nun einmal nicht sehen. Das Erstaunlichste aber ist, daß ein Gefühl seiner selbst – »aha, das bin ich, der Halm!« – nicht im Halm entsteht, sondern im Wind. Nicht der Halm, wenn er sich zur Erde neigt, denkt: »Das ist der Wind!«, nein, der Wind denkt es, wenn er auf den Halm stößt – dafür streut er ja die Samen über die Erde aus. Alles, was dem Halm »so vorkommt«, kommt in Wirklichkeit dem Wind so vor, denn nur er hat die Möglichkeit dazu. Wenn der Wind gegen den Halm anbläst, wird er zum Halm; bläst er gegen den Berg an, wird er zum Berg. Zeit seines Lebens kämpft der Halm mit dem Wind, doch gelebt wird sein Leben von dem Wind, mit dem er kämpft. Und darum kann weder dem Halm noch dem Berg, noch dem Menschen wirklich etwas passieren. Alles widerfährt nur dem Wind, von dem sich wahrlich nicht sagen läßt, woher er kommt und wohin er geht. Was kann dem also passieren!

Zurück auf Ihrem Landsitz, konnte mein Geist sich noch lange nicht beruhigen, und es kostete mich einige Mühe, ins Gespräch zurückzufinden. Doch als Sie mich fragten, ob ich mir denn zutraue, daß eben Erfahrene zum Thema eines literarischen Werkes zu machen, bejahte ich das spontan. Mehr noch, Ihre Worte

(»… jetzt, da Sie vielleicht ungefähr ahnen, wo zu suchen wäre, was Leute ohne Kopf und Beine den Weg nennen …«) schienen mir eine kränkende Untertreibung – so überzeugt war ich, die Wahrheit gänzlich und ein für allemal intus zu haben. An meinen Möglichkeiten, das Vorhaben umzusetzen, zweifelte ich nicht im geringsten – was zu formulieren anstand, sah ich so klar und einleuchtend vor mir wie jetzt zum Beispiel das Tageslicht. Und dieses Wissen erfüllte mich mit einer solchen Kraft, daß ich an der Möglichkeit, die Kraft Gestalt werden zu lassen, nicht zweifeln konnte. Über die Form nachzudenken, in der das geschehen sollte, erschien mir verfrüht. Es war in der Tat ein Augenblick höchster Glückseligkeit – ich fühlte, ich würde ein Buch schreiben, wie noch keines dagewesen war. Eines, das den vorhandenen Büchern so wenig gliche wie dieser hellsichtige und kraftstrotzende Geisteszustand all meinen früheren Befindlichkeiten. Sie mögen darüber lächeln: In dem Augenblick dünkte ich mich von den Mächten des Himmels erwählt, etwas zu leisten, das Buddha und Konfuzius ebenbürtig war, wenn es sie nicht in den Schatten stellte.

Gleich nachdem ich in die Hauptstadt zurückgekehrt war und die nötigsten geschäftlichen Dinge erledigt hatte, begann ich die Arbeit an dem Buch. Wenn ich literarisches Talent einmal mit militärischer Potenz gleichsetzen darf, so führte ich mein ganzes kleines Heer bis auf den letzten Soldaten in diese Schlacht. Und ich muß Ihnen leider mitteilen, daß der Feldzug auf ganzer Linie scheiterte. Was nicht heißt, daß ich im Kampf besiegt worden wäre. Ich vermochte nicht einmal in die Nähe des Gegners zu gelangen. Und inzwischen denke ich, mit gleichem Erfolg könnte man gegen einen Wolkenschwarm oder eine Nebelfront zu Felde ziehen.

Den Grund für meine Niederlage vermag ich heute klar zu sehen. Ich hatte versucht, jenes höchste Prinzip zu beschreiben, dessen Licht mir in jener Nacht geleuchtet hatte. Doch was ist das für ein Prinzip? Ich weiß es bis heute nicht, wenn »wissen« bedeutet, es schlüssig zu Papier bringen oder jemandem erklären zu können. Aus Wörtern ein Netz zu knüpfen, mit dem dieses Ungetüm ans Licht zu ziehen wäre, vermag ich nicht. Und das liegt durchaus nicht an meinen zu geringen Fähigkeiten. In die Hand nehmen läßt sich nur, was eine Form hat – und wenn es Wasser ist, welches die Form unserer zusammengelegten Handflächen annimmt. Dieses sonderbare Geschöpf aber hat keine Form. Ihm eine zu verleihen, ohne daß es dabei verlorenginge, ist ganz unmöglich, weshalb hier überhaupt von einem Geschöpf zu sprechen schon ein großer Fehler ist. In dem Versuch, es in Zeichen zu fassen, gleichen wir dem Manne, der den Wind mit der Mütze fangen und in sein Kämmerchen tragen will, um allmählich einen großen Sturm anzusparen. Und wer da behauptet, es gäbe Bücher, Bilder, Musik, die den Weg beinhalteten, tut wie der Hexenmeister, welcher weismachen will, in dem Kürbis, der ihm am Gürtel baumelt, säße der Donnergott.

Von den Reisen, die man unter Einwirkung des Pulvers der fünf Steine macht, pflegen Sie zu sagen: Auftauchen, sich hervortun ist lebensgefährlich. In keiner Gestalt darf man lange verweilen, weil man so das Augenmerk jener seltsamen Wesen auf sich zieht, die die Welt, in der man gerade zu Gast ist, bevölkern. Genauso aber sagen Sie, es gebe keinen Unterschied zwischen jener Welt und dieser (was einen schnell so weit bringt, die seltsamen Wesen in der eigenen Dienerschaft zu erblicken und sich zu vergegenwärtigen, daß man auch in dieser Welt nur zu Gast ist). Aufzutauchen und sich hervorzutun ist indes nicht minder gefährlich bei Betrachtung des Weges. Ihn sich vor Augen zu halten ist so lange kein Problem, wie man selbst die Möglichkeit hat, nichts und niemand zu sein. Will aber einer den hellen Glanz des Weges in Worte fassen, taucht er unweigerlich auf und muß den Weg mit dem Unflat seiner Geburt behelligen. Und dieser Unflat der Geburt, gleich ob eines Leibes, eines Wortes oder Gedankens, ist die Grenze, die uns vom Wege scheidet. Es ist die Schranke, an der das Wesentliche verlorengeht. Und was ist die heutige Kunst letztlich anderes als eine schmutzige Höhle, wo Hunderte gieriger Hebammen aus der stöhnenden, wehengeplagten Leere eine Form nach der anderen hervorzerren? Überdies haben wir es, wie mir seit langem auffällt, Jahr für Jahr mit immer denselben Nägeln zu tun, und ungewöhnliche Tiefe wird gern einmal dem bescheinigt, der zufällig einen Cun tiefer in den Klotz gehauen ist.

Wird in uns der Dichter geboren, verlassen wir den Weg. Und gebärt der Dichter den ersten Satz, frohlokken in der Hölle Teufel und Gespenster. Wobei ich hier, Herr Jian Zi-ya, nur von den Besten der Zunft rede, denen, die dem Himmel aufrichtig zu Diensten sind. In den Worten, die der Wahrheit zur Unsterblichkeit verhelfen sollen, liegt ihr Grab. »Nicht werden, nicht auf die Welt kommen, sein in allem« – die Sentenz selbst ist Exempel für ein Werden, ein Auf-die-Welt-Kommen, für Beschränktheit. Ein jedes auf unserer Welt ist mehr oder weniger Sichtbarkeit, ist Werden und Vergehen, und die Zeichen der Schrift sind seit alters her nur ein Spiegel dessen. Wie also ließe sich nur ein einziges Wort sagen über das, was nie – nie aus etwas, nie zu etwas – wurde? Wahrlich, es ist schwer, vom Wind zu erzählen, wenn es Zeichen nur für die in ihm trudelnden Blätter gibt.

Wird denn, wer einmal in der großen Stadt gewesen, noch auf dem Dorf leben wollen, wo die Dächer mit

Stroh gedeckt sind? Und du, der du den Weg leuchten sahst und weißt, wie Freiheit ist, magst du ins Gefängnis der Wörter zurückkehren? Und selbst wenn: Wie solltest du den anderen erklären, was du gesehen hast? Zugegeben, Herr Jian Zi-ya, ich wüßte mich gewisser Allusionen und Allegorien zu bedienen, mit denen wiederum der Eingeweihte etwas anzufangen wüßte. So wie ich mich auch hier auf die Wörter verlasse und sicher sein darf, verstanden zu werden. Die Frage ist aber doch, ob sich an die Wand der Dunkelzelle malen ließe, was außerhalb der Gefängnistore liegt – so, daß ein Gefangener es begreift, der den Kerker nie verließ? Man müßte hierzu wohl den Gefangenen befragen. Ich fürchte, er verstünde nicht einmal die Frage.

Liest einer ein Buch, sieht er vor sich die von anderen erdachten Zeichen. Gleiches geschieht, wenn er in die Welt blickt: Der Wald besteht für uns aus tausenderlei Hieroglyphen mit der Bedeutung »Baum«. Und blickt er in sich selbst hinein (was nur möglich ist, weil Hieroglyphen für »innen« und »außen« existieren), sinnt nach über sich selbst (was wiederum nur möglich ist, weil eine Hieroglyphe für »ich« existiert), so sieht er lediglich Spuren, Abdrücke von Zeichen. Er gewahrt nicht das Entscheidende – worauf nämlich diese Spuren sich abbilden. Das kommt, weil für das höchste Prinzip kein Zeichen existiert. Zwar gibt es das Zeichen »Shén«, doch wenn wir es betrachten, sehen wir nicht den verborgenen Grund von allem, sondern nur die schwarzen Tuscheschnörkel. Und ist es nicht seltsam, daß dieses Zeichen, da man es in alter Zeit in Schildpatt schnitzte, eine geradezu peinliche Ähnlichkeit mit, nun ja, einem »gewissen Auswuchs« bekam – mit der uns entgegenragenden Würde des Mannes nämlich? Das ist es, wohin die Menschheit heute strebt, und unterwegs läßt sie sich von den Possen der Hunnenfräulein animieren.

Diese Unwissenheit meine ich, wenn ich von Gefängnis und Dunkelzelle spreche. Gesetzt den Fall, ein kunstfertiger Arzt vermöchte den Menschen so weit zu bringen, daß er die Wörter eine Zeitlang vergäße – was hätten wir davon? Kann einer, der sich zeit seines Lebens von Feuerwerkskörpern blenden ließ, noch das Funkeln der Sterne sehen? Hört das Zirpen des Heimchens, wer das Dröhnen der Trommeln gewohnt ist? Denn die Wahrheit spricht zu uns um keinen Deut lauter – und nicht einmal zu uns, wir wollen uns nichts einbilden: Sie spricht zu sich selbst. Übrigens waren wir ja davon ausgegangen, daß es keine Wahrheit gibt, solange uns nicht einfällt, nach ihr zu suchen. Und schon bin ich wieder dabei zu überlegen, ob sie laut oder leise redet und zu wem … Das ist die Art, wie Worte die Welt erschaffen. Und diese Welt ist am Ende nicht mehr da – ein weggeworfener Druckstock, von dem die vertrockneten Zeichen bröckeln, und der

Herbstwind trägt sie davon. Eines verwandelt sich das andere an – so ist es nun einmal.

Die Geschichte von dem Affenkönig und dem Tang-Mönch ist der Roman einer Reise im Raum. Wir fragten uns, ob sich etwas Vergleichbares schreiben ließe über die Wanderschaft auf dem Wege. Erst hielt ich die Aufgabe für einfach, und nach einigem Überlegen sah ich, daß es keine Möglichkeit gibt, sie auch nur in Angriff zu nehmen. Dieser Ansicht bin ich immer noch. Allerdings gibt es in der *Reise nach dem Westen* eine Stelle, die mich glatt eines Besseren belehren will. Erinnern Sie sich, was am Ende geschieht, da die Reisenden anstelle der heiligen Texte, um derentwillen sie so viele Länder durchreisten, leere Blätter in die Hand bekommen? Sie kehren um und treten noch einmal vor Buddha, sich über den vermeintlichen Betrug zu beschweren. Der erklärt ihnen, die leeren Blätter seien die wahren heiligen Schriften. Und nur weil die Reisenden noch nicht soweit sind zu begreifen, worin die wahre Heiligkeit besteht, bekommen sie das, was sie haben wollten: körbeweise Sutras und Belehrungen. Ist es also Buddhas ursprüngliche Botschaft – jene, die von den Bittstellern nicht verstanden ward –, die den Weg zur Gänze in sich trägt? Auf dem Papier stand nichts zu lesen, und eben das scheint mir die einzig mögliche Erzählung über die letzten Geheimnisse zu sein, die nicht vom ersten Zeichen an eine Fälschung ist.

Ja, es gibt eine einfache Möglichkeit, die Wahrheit, die sich einem erschließt, wenn man das Gefängnis verlassen hat, an der Kerkerwand abzubilden: Es ist die nackte Wand, bevor Kreide und Pinsel sie berühren. Auf sie blickt der Gefangene ohnehin jeden Tag, und das heißt, die letzten Geheimnisse sind ihm genauso offenbar wie uns, wir sehen nicht mehr als das, was er sieht. Nur daß der Gefangene nicht ahnt, daß er die letzten Geheimnisse vor sich hat, er hat ja noch nicht einmal begonnen, nach ihnen zu suchen. Und wie soll in ihm der Wunsch entstehen, nach den letzten Geheimnissen zu suchen, wenn er nicht einmal das Zeichen dafür kennt? Da könnten noch eher die Meilensteine und die Wolken am Himmel auf die Suche gehen – sie aber wissen nichts vom Weg und konnten ihn darum gar nicht verlieren. Eifer an den Tag legen, Wissen anhäufen muß nicht, wer den Weg gewinnen, sondern wer ihn verlieren will. Allmorgendlich nach dem Erwachen zeichnen wir als erstes den Kerker mit uns selbst darinnen. Und auch wenn unser Kerker nur gezeichnet ist, verwahrt es uns sicherer, als Shi Huangti es zu seiner Zeit vermochte.

Im *Tao-te-king*, dem Buch vom Tao und seiner Kraft, gibt es die folgende paarige Sentenz:

»Was ohne Namen, ist Anfang von Himmel und Erde. Was Namen hat, ist Mutter den zehntausend Wesen.«

Demütigst erlaube ich mir anzufügen, was sich aus diesen Worten schließen läßt: Solange der geheimste Ursprung einen Namen hat, wird er verschlossen bleiben. Verschwindet der Name, muß von einem geheimsten Ursprung nicht mehr die Rede sein. Das aber ist es, was ich den geheimsten Ursprung nennen will. Mit Wörtern gewappnet, gehen wir auf Wahrheitsjagd. Irgendwann meinen wir unser Ziel erreicht zu haben, kehren heim und sehen: Wörter sind unsere Beute, Wörter, die sich von jenen, mit denen wir loszogen, nicht unterscheiden. Auch das *Buch vom Tao und seiner Kraft*, unerschütterliche Stütze meiner Gedanken, dürfte letztendlich von gleicher Natur sein. Zu seiner Verteidigung ließe sich sagen, daß Laotse selbst ursprünglich nicht die Absicht hatte, zum Pinsel zu greifen, sein Werk ist der älteste uns überlieferte Bestechungsversuch – denn geschrieben wurde der Text einzig zu dem Zweck, den obersten Wächter dazu zu bewegen, den Weg nach Westen freizugeben. Da es aber nun einmal aus Wörtern besteht und eine Logik widerspiegelt, muß dieses Buch wohl – den eigenen Lehren zufolge – eine Folge von Toren der Geburt darstellen, die der Lesende passiert, wobei er nacheinander, der Kapitelzahl gemäß, einundachtzig kurze Leben lebt. Kann der, der die letzte Seite zuschlägt, noch derselbe sein, der die erste aufgeschlagen hat? Ich weiß es nicht.

In dem Bemühen, Ihnen mitzuteilen, wieso sich mein Vorhaben nicht verwirklichen ließ, bin ich mit mir selbst uneins geworden. Ich werde dem Pfad weiter folgen, ganz wie in jener denkwürdigen Nacht in den Bergen. Wer weiß, vielleicht kann es eine Erzählung über den Weg ja doch geben – und nicht nur in Form eines Stapels von leerem Papier? In Minuten der Einkehr sah ich vor mir in der Ferne etwas wie eine Fata Morgana: viel zu vage, um Details zu erkennen, doch ausreichend klar, sie schemenhaft umreißen zu können. Also: Was im Text nirgends vorkommen darf, ist die Hieroglyphe »Weg« – außer vielleicht im ersten und im letzten Kapitel. Dort hat das Zeichen Platz, um den Raum zu umreißen, in dem das Mysterium sich begibt; außerdem wird so gezeigt, daß der Weg nur zu sich selbst hinführt, sich dabei nicht verändert und doch nicht der alte bleibt. Denkbar, daß zu Anfang ein paar Worte über die Geburt stehen werden, und am Ende ein paar zum Tod. Alles übrige zwischen diesen Wegzeichen wird nicht behaupten, von einem bestimmten Gegenstand zu erzählen. Eine Vielzahl sonderbarer Geschichten schwebt mir vor, die zu einer noch größeren Zahl winziger Episoden zerfallen, durch die kein gemeinsamer Faden zu fädeln ist außer jenem einen, der durch alles führt. Wenn alle Verbindungsglieder entfernt sind, erhalten wir die Erzählung über das eine, das sich nicht entfernen läßt, denn es ist der Weg der zehntausend Wesen. Solch eine Erzählung wird sein wie eine Sammlung vieler, von verschiedenen Menschen zu verschiedenen Zeiten geschriebener Fragmente. Das einzige, was sie zusammenhält, ist eine gemeinsame Eigenschaft, die ich Ihnen, Herr Jian Ziya, hier nicht näher bestimmen muß. Gesagt sei nur, daß ich ihre Gegenwart in diesem Brief an der Stelle spürte, da von den Halmen und vom Wind die Rede war. Aber was es ist …

Wahrheit kann es nicht geben – so lautet ein von den Himmeln erhobenes Gesetz. Ein anderes Himmelsgesetz besagt, daß sich die Wahrheit nicht einmal dann ausdrücken läßt, wenn sie zutage tritt. Das oberste Himmelsgesetz aber ist, daß alle Gesetze außer Kraft sind, wo der allmächtige Herrscher seinen Willen kundtut. Denn die Gesetze sind nicht mehr als ein Angedenken an das, was er früher einmal befahl. Bedeuten sie etwas, wenn er selbst in der Nähe ist? Wer mag nun das wieder sein, der allmächtige Herrscher, werden Sie fragen. Gleich stoße ich mit dem Fuß das Teebrett um. Und Ihre Antwort ist ein Lächeln.

Darum also erlauben die Himmel, daß man ihren Maßgaben zuwiderhandelt. Wir drängen uns durch einen Wald von Unmöglichkeiten, und plötzlich taucht die Wahrheit, die es nicht gibt und die sich, gäbe es sie, sowieso nicht ausdrücken ließe, vor unseren Augen auf und glänzt und strahlt uns an wie ein kostbarer Jaspis aus einer frisch gegrabenen Grube. Wenn dergleichen passiert, kommen die Wörter von allein, deren Geheimnis wir nicht kennen. Vielleicht gibt es unendlich viele Wörter dieser Art. Vielleicht wird es auch nicht nötig sein, etwas zu dichten, weil alles, was in diese Erzählung muß, schon auf dem Papier steht, nur in Büchern verschiedenster Epochen verstreut; vielleicht hat der weiseste aller Gelehrten nichts weiter gekonnt, als ein Ornament aus Syllogismen zu verzapfen, während das entscheidende Kapitel von Hand eines unbedarften Barbaren stammt. Mein Herz weiß es: Die Erzählung, von der ich spreche, existiert. Lesen kann sie leider nur der geheimnisvolle Wind, der in all diesen Büchern zu blättern vermag. Aber ist denn, unter uns gefragt, noch etwas in der Welt außer ihm?

Lu Hong-jian

(Aus dem Russischen von Andreas Tretner)

Perikles Monioudis

Hochwohlgeboren!

Nein, am Anfang einer neuen Epoche, eines neuen Wirtschaftszyklus, einer neuen, womöglich verheißungsvollen kulturellen Phase stehen wir heute nicht mehr und noch nicht wieder, glaube ich. Darf ich hinzufügen, daß das Ich und noch mehr das Denken über das Ich sich über die Jahrhunderte noch weiter, viel weiter aufgefächert hat? Ich zum Beispiel, und bitte erlauben Sie, daß ich sozusagen von mir rede, habe eine deswegen nicht gerade eigentümliche, doch von mir heißgeliebte Möglichkeit, als der, der ich bin und eben auch bin, in der und durch die Natur zu sein. Ich bin als Kind darauf gestoßen. Es ist der Fußball.

Der Fußball löste die Ungeduld auf, die ich in Gesellschaft und mehr und mehr auch allein empfand, etwa wenn ich als Kind zeichnete oder malte oder sang, später dann las und las und schrieb – und ist es nicht diese Ungeduld mit sich selbst, die einen im Umweg über andere und anderes von sich selbst, sagen wir, entfernt? Der Fußball brachte mich dazu, meine Ungeduld zu ertragen. Ich hatte sie gegen mich gerichtet, bis ich sie in ihrer Entstehung erkannte. Weder Kunst noch Wissenschaft hätten mich darin anleiten können, ich brachte mir, Fußball spielend, selbst bei, wie ihr Einhalt geboten werden konnte. Es war der Fußball, der mich zwang, bei mir zu sein und daraus alle vorteilhaften Rückschlüsse zu ziehen, alle dienlichen Anlagen als solche zu erahnen und in der Folge an anderem Gegenstand und ebenso an anderem Ort zur Entfaltung zu bringen oder zumindest zur Anwendung kommen zu lassen. Es war deshalb der Fußball, weil ich mich für den Fußball entschieden hatte, als Kind unfreiwillig, als Jugendlicher dann freiwillig; doch beide Male ohne Wahl, denn eine Wahl hatte ich, bei Lichte betrachtet, nie – und es gereichte mir unbesehen zum Glück.

Unglück war mir der Fußball selber nie, nur schien es sich an ihn zu klumpen wie im Herbst die nasse Erde an die Stollenschuhe. Ich wußte, daß die Hinwendung zum Fußball mir einen Weg zu mir selbst weisen würde, ich lernte, daß er dabei alles abstieß, was ihm den Platz streitig machte. Er lehnte sich gegen Eltern und Geschwister und dann regelmäßig gegen neue Freundinnen auf, und mit ihm lehnte auch ich mich auf. Er verlangte Hinwendung, die ich ihm gewährte.

Daß er sich auch gegen mich erhob, war also nur eine Frage der Zeit. Solange hielt ich an ihm fest. Was besaß ich sonst? Der Fußball hatte mich vor Eltern und Geschwistern geschützt – nicht, weil ich nichts anderes kannte, sondern weil ich endlich nichts anderes kennen wollte. Die Entschlossenheit, mit der sich der Fußball meiner als Kind anzunehmen schien, war bloß der Aufmerksamkeit geschuldet, die ich ihm selbst zukommen ließ. Auch dies war kein Zufall oder aus der Not geboren: die Innigkeit mit dem Fußball war ein Abstraktum, über das ich vor mir zu keiner Zeit Rechenschaft abgelegt hatte. Ich nahm sie hin. Ich kultivierte sie zwar nach Kräften, aber ich war ihr nie auf den Grund gegangen. Ich hatte den Trost daraus als unerschöpflich empfunden, mich am Fußball aufgerichtet, wenn ich ein Spiel verfolgt und dabei wieder auf die selbstverständlichste Weise nur in mich geblickt hatte.

Mein Aufwachen in der Pubertät war begleitet von den unausgesprochenen Maximen des Fußballs, die ich mir natürlich selbst zurechtgelegt hatte. Nichtsdestotrotz glaubte ich daran. Ich hatte wie jeder die Wahl zu verhöhnen, zu versöhnen, zu verletzen – doch wann war was richtig? Der Fußball zeigte mir die Möglichkeiten des Menschen, er lehrte mich zugleich, wann ich wie zu handeln hatte und was wovon und auf welche Weise zu unterscheiden war. Es lag an mir zu bestimmen, ob ich Mensch sein oder mich den niederen Instinkten anvertrauen wollte, etwa nach einer Niederlage, bei einer Verletzung, genauso bei einem Sieg, den ich mir nicht erklären konnte und der mir in die Tasche gefallen zu sein schien, der folglich abgründig und schließlich verunsichernd war. Der unverdiente Sieg – davor fürchtete ich mich. Ich wußte, daß er nicht zu wiederholen war, denn ich hatte bloß Glück gehabt. Es konnte mir vor ihm, dem Unerklärlichen, nur schaudern, wie manchmal, erlauben Sie bitte, vor und in der Natur.

Ein Glück, daß es später Leute geben sollte, die Erklärungen wagten. Sie scheiterten. Selbst Niklas Luhmann, der sich alles in übergeordneten Abläufen erklärte, als Systematik, als System und als Systeme, schrieb: »Mehr als irgendeine andere Spezialität der Moderne eignet der Fußball sich dazu, die Einheit von Leichtigkeit und Schwere zu symbolisieren. Sein System hat keinen Zweck.«

Auch wagten manche ganz und gar persönliche Betrachtungen. Robert Walser schrieb: »Angesichts eines Fußballkampfes sagte ich zu mir: ›Nimm dir am Eifer ein Beispiel.‹« Hugo von Hofmannsthal war nur vier

Jahre älter als Walser, er schrieb einen Satz, der auch meine persönliche Zustimmung findet: »Wo du sterben sollst, dahin tragen dich deine Füße.«

Luhmann fuhr fort: »Niemand wird erwarten, daß Probleme der skizzierten Art auf der Ebene ihrer Symbolisierung gelöst werden können. Eher wird man vermuten dürfen, daß die Unlösbarkeit des Problems die Faszination durch das Symbol erklärt.«

So werde ich denn im Spiel den Gegenspieler und im Stadion den Zuschauer neben mir fragen: »Was fasziniert Sie am Fußball?« – und Mylord, eine ungeduldige oder eine geduldige Antwort erhalten, die Sie, fern von jedem Hedonismus, bestimmt mögen würden: »Ich mich.«

Zitiert aus: Robert Walser, »Brief an Edith«, in: *Die Rose* (1925); Hugo von Hofmannsthal, »Das Märchen der 672. Nacht« (1895); Niklas Luhmann, »Der Fußball«, in: Frankfurter Allgemeine Zeitung, 4. Juli 1990.

Burkhard Spinnen

Dies ist der Brief, den Leopold von Andrian, Autor des Prosafragments Der Garten der Erkenntnis *(1895), an Hugo von Hofmannsthal schrieb, um sich vor einem längeren Auslandsaufenthalt von seinem Schul- und Dichterfreund zu verabschieden. Der Brief wurde allerdings nie abgeschickt; sein handschriftlicher Entwurf fand sich erst vor kurzer Zeit im bislang unausgewerteten Nachlaß eines weit entfernten Bekannten.*

Wien, 15. 9. 1902

Lieber Hugo,

wenn Du diesen Brief erhältst, bin ich vermutlich bereits auf dem Wege nach – ich kann's noch immer nicht aussprechen, ohne innerlich zusammenzuzukken – nach Brasilien also, wo ich wahrscheinlich zum ersten Mal in meiner diplomatischen Laufbahn directe und unzweifelbare Berufs- und Stellungspflichten, will sagen viele und drückende Büroarbeiten zu gegenwärtigen habe. Wenn ich mir außerdem in Erinnerung rufe, was Kollegen, die aus Petropolis zurückgekommen sind, von den brasilianischen Alltagsverhältnissen und vom Klima der Region zu berichten hatten, dann fühl ich wieder diese wohlvertraute Angst in mir, daß meine physische wie in Sonderheit meine seelische Konstitution einer solchen Beanspruchung nicht standhalten könnten. Manchmal, Hugo, denke ich dann wieder, ich hätte mich doch nicht so auf die diplomatische Karriere legen und mir statt dessen eine Lebensform suchen sollen, die besser zu mir paßt als dieses Absitzen vieler Jahre in den mehr oder minder standesgemäßen Dependancen unseres geliebten Österreichs.

Aber ich will ja eigentlich nicht klagen, sondern, da ich buchstäblich auf gepackten Koffern sitze, noch rasch Dir eine Antwort auf Dein Schreiben vom 9. diesen Monats zukommen lassen. Besonders dessen Beilage, Dein *Brief*, hat mir in den letzten Tagen und Stunden sehr an die Seele gegriffen, hab ich doch beim ersten Lesen gleich nichts anderes denken können als: Lieber Himmel, damit bin doch reinweg ich gemeint!

Also, Du verstehst – mit diesem englischen Lord, den Du gar nichts mehr läßt schreiben können, und das, obwohl er einmal zu den schönsten Hoffnungen berechtigt hat, Hoffnungen, die er zudem höchstselbst durch das Öffentlichmachen von allerlei Plänen und Projekten eifrig genährt hat. Und wie Du dann noch schreibst, es würden ihm die Worte wie modrige Pilze im Munde zerfallen, da bin ich, Hugo, stell Dir vor – regelrecht aufgesprungen und bin in den Garten gelaufen und hab bestimmt eine Stunde lang über nichts anderes nachgedacht als: ob ich selbst wohl irgendwann einmal in den letzten, schweren Jahren, vielleicht im Griensteidl, oder im Central, wenn wir mit dem Bahr und den anderen aus dem Cercle zusammengesessen sind bis tief in die Nacht, genau das, also wörtlich so, hätte gesagt haben können – so daß, wenn, was ich annehme, der *Brief* bald gedruckt sein wird, man mich in diesem aufgehörten englischen Dichter wird überall einwandfrei erkennen können.

Hugo, Du weißt, wie ich mich seit meinem *Garten*, der mir damals buchstäblich aus der Feder geflossen ist, bemüht habe, das dichterische Schaffen fortzusetzen. Aber die Kraft, die damals alles wie aus dem Nichts hervorgebracht hat, muß sich vollkommen in gewisse innere Höhlungen zerstäubt haben, so daß sie nach außen nichts mehr bewirken kann. Und wenn Du vielleicht manchmal glauben möchtest, ich schaute jetzt über Dinge, die mir einmal die wichtigsten und heiligsten waren, ohne jede Empfindung hinweg, so laß Dir, vielleicht ein letztes Mal, in Erinnerung rufen, daß meine diplomatische Laufbahn weniger eine Abkehr von der

Kunst ist und vielmehr ein Mittel sein soll, deren Ausbleiben zu ertragen, ohne daran zu verzweifeln.

Nun, später dann, Hugo, als ich alles wieder und wieder gelesen hatte, ist mir allmählich klargeworden, daß Du mich wahrscheinlich doch nicht gemeint hast. Die Geschichte mit den Ratten – also die paßt ja nun gar nicht zu mir. Du weißt, ich grause mich vor Ratten so dermaßen, daß ich es nicht fertigbringen würde, auch nur eine Sekunde länger an solche Tiere zu denken als unbedingt nötig. Doch je sicherer ich wurde, nicht gemeint zu sein, desto mehr habe ich dann zu fürchten angefangen, Du könntest durch den englischen Lord von Dir selbst reden. Aber Hugo, sage mir – das meinst Du doch nicht im Ernste! Ich weiß – und wer besser als ich? –, mit dem Schaffen kommt auch das Verzagen und Verzweifeln. Und besonders wenn man sich, wie Du, so [unleserlich] Sachen vornimmt, gibt es Tage, an denen, obwohl die innere Kraft ungebrochen ist, rein gar nichts von der Hand geht. Aber, Hugo, das ist doch noch lange kein Grund, sogleich an allem und jedem und schließlich sogar daran zu zweifeln, ob man überhaupt noch ein gerades Wort möchte herausbringen können!

Nein, Lieber, ich kann und will das nicht glauben, und jetzt, wo ich die Maschinenblätter mit Deinem *Brief*, die vom Liegen auf dem Gartentische draußen schon ganz spröde und wellig geworden sind, noch einmal in die Hand nehme, sie nochmals und nochmals lese, bin ich mir ganz sicher, daß Du uns – und mich besonders – vor allem ein bisserl hast [gestrichen: pflanzen] auf den Arm nehmen wollen. Denn schau, Hugerl, wer nicht ganz blöd ist, dem muß doch eigentlich in die Augen springen, daß Dein englischer Lord mit den faulen Pilzen im Mund die ganze Zeit wie gedruckt daherredet! Da sagt er dauernd nichts anderes, als daß er über nichts von Bedeutung mehr sprechen kann, aber ausgerechnet über seine Sprachlosigkeit parliert er so flüssig wie der Bahr über einen von ihm neu entdeckten Franzosen, besonders wenn er, also der Bahr, sein viertes Viertel intus hat.

Freilich, lieber Hugo, was denn das nun bedeuten soll, daß Du einen, der seine Sprache verloren hat, seine Katastrophe so [gestrichen: manieriert] [gestrichen: gestelzt] [unleserlich] schildern läßt, das geht mir einstweilen definitiv über den Verstand. Da ist ein Trick im Spiel, da steckt etwas dahinter, und um herauszubekommen, was das ist, muß man wohl imstand sein, den ganzen *Brief* praktisch gegen den Strich zu lesen. Aber ich bin es, einstweilen jedenfalls, nicht. Und ich fürchte, die allermeisten Leute werden zwar sofort begreifen, daß Dein *Brief* vom Allerwichtigsten spricht, das einer nur empfinden kann, der sich derart eindringlich wie Du der Literatur [gestrichen: verschrieben] gewidmet hat – aber nur die wenigsten werden soviel [gestrichen: Geist] Herz besitzen, um hinter diesem barocken Kostüm den lebendigen Autor und hinter seiner pompösen Resignation die tiefe Liebe zu erkennen, mit der er der Welt und mit der sie ihm begegnet.

Hugo, verzeih mir die schlichten Worte. Ich weiß es halt mal wieder nicht besser zu sagen. Ich muß jetzt aufbrechen. Denk an mich, wenn ich auf der anderen Seite des Erdballs bin. Und sei so gut, schreib gelegentlich, was man in Wien so redet,

Deinem Dich innigst umarmenden Poldy

Brief an Lord Chandos

mit groszer Anteilnahme habe ich Ihre Klagen aufgenommen und möchte zu Ihrer Tröstung bekennen, dasz es mir vor einiger Zeit ähnlich ergangen ist: ich hatte in dieser meiner Krise aller Welt vorgemacht, ich sei an der Arbeit, muszte mir jedoch eingestehen, dasz ich in Wahrheit völlig ausgebrannt war, ja, dasz die Vorstellung mich verfolgte, ich hätte noch nie auch nur 1 Wort aufgeschrieben, ich würde nie wieder Pläne oder Ahnungen von Gedanken empfangen können, am allerwenigsten jene so wundertätigen Verbalträume, die mich jederzeit mitten hinein in die Produktion katapultiert hatten. Aber dann versuchte ich mich selbst aufzufangen, indem ich den Gründen meines Versagens nachzuforschen begann, und ich entdeckte, warum es mir so elend erging. Ich fand das Heilmittel, das da war: ich stand niemandem mehr zur Verfügung, ich liesz mich nicht mehr erweichen, diesem und jenem zu Gefallen zu sein, ja, ich liesz mich von meinem Freund verleugnen, sobald jemand mich aufsuchen wollte, ging nicht mehr zu Veranstaltungen, hielt keine Termine mehr ein, schlug Einladungen aus und vergrub mich in meine Papiere. Dazu kam noch, ich sprach tagelang kein Wort, es sei denn, dasz mir 1 Fluch entfuhr oder dasz ich zu 1 Stoszgebet mein Herz aufhob, sobald alles wieder zusammenzustürzen drohte. Ich ging viel spazieren, notierte unterwegs, sprach zu niemandem, der mir entgegenkam, 1 Wort, ja, wurde ich eines Bekannten ansichtig, wechselte ich auf die andere Straszenseite, um 1 Begegnung zu vermeiden. Ich vernachlässigte meine Erscheinung, weil ich ja nur mit mir selber zu tun hatte, ich beantwortete keine Briefe, ging nicht ans Telefon, so dasz sich – und das konnte ich gut erkennen – mein Zustand von Tag zu Tag besserte. An 1 sehr frühen Morgen, es war gegen 5, fielen mir Worte ein, ganze WORTGEWIMMEL und WORTGESTÖBER, so dasz ich mit dem Notieren kaum nachkam, ich sprang aus dem Bett, lief zur Maschine und schrieb alles auf. Es mochte wohl der halbe Vormittag vergangen sein, als ich mehrere Seiten niedergeschrieben hatte, ich ging einigen Geschäften nach und setzte mich darauf wieder an die Maschine. Dies ging nun einige Tage so und ich disziplinierte mich strengstens, dasz ich nun alle Morgenstunden an der Maschine verbringen konnte und die gröszte Lust daraus bezog. Aus diesem neuen Aufschwung erwuchs mir 1 neuer Mut und etwas wie 1 Ungeduld, immer weiter und weiter zu schreiben, so dasz sich die schwarze Stichflamme der Eingebung (Leidenschaft) immer heftiger in mir regte und ich, zu Bett gehend, kaum den nächsten Morgen erwarten konnte, der mich wieder an die Maschine treiben würde.

So kam es schlieszlich, dasz ich mich wieder unermüdlich meinem Denken, Phantasieren und Schreiben zuwenden konnte.

(4.12.01)

Henning Ahrens

Ein Brief

Dies ist der Brief, den John Cowper Powys (1872–1963), ältester Sohn des Reverend Charles Francis Powys, später Wahl-Waliser und noch später Asche auf dem Strand von Chesil, als verspätete Reaktion auf Hugo von Hofmannsthals »Chandos-Brief« schrieb.

Verehrter Hugo von Hofmannsthal,

wie schön, daß Sie Ihren Brief ins Jahr *1603* zurückversetzt haben – obgleich ich den alten Bacon nie sehr geschätzt habe (schlimm nur, daß er an einer *Erkältung* sterben mußte! und alles wegen gefrorenen Fleisches) –: »And new Philosophy calls all in doubt«, ein Vers von Donne, den ich zu meinen Vorfahren zählen darf (stolz bin ich auch auf das jüdische und afrikanische Blut, das in meinen Adern fließt: im Kern des christlichen Glaubens, davon bin ich überzeugt, liegt das *Geheimnis Afrikas* verborgen, eine uralte, natürliche, paläolithische Demut gegenüber den Elementen). »'Tis all in peeces, all cohaerence gone.« Ich bin nur wenig älter als Sie und kann die Lage, die Sie Philipp Lord Chandos in Ihrem Brief schildern lassen, gut nachvollziehen: insbesondere den *Schwimmkäfer in der Gießkanne*, »der von einem dunklen Ufer zum andern rudert«. (Ich verkneife mir die Frage, um *welche* Art Käfer es sich handelt – einen Goldrandkäfer vielleicht, vielleicht auch einen Wasserläufer – sei dem, wie es wolle: die stummen Kreaturen sprechen, und was sie sprechen, muß man hören, selbst wenn das, was man hört, keine Worte sind, sondern ein Rascheln oder Knistern, ein Glucksen oder Grunzen ist – ihre Rede weckt die Erinnerung (und Mnemosyne *ist und bleibt* die Mutter aller Musen!)). Wir beide, mein geplagter Herr Hugo von H. (und seien Sie hiermit versichert, daß ich alle »Vons« liebe und alle »Vans« hasse), haben durch den Verlust all dessen, was man uns in unserer Kindheit und Jugend als Wahrheit eingetrichtert hat, begriffen, daß man sich allein auf das Sehen und Fühlen verlassen kann – nicht auf das Analysieren und Erklären! Sie schreiben davon, »mit dem Herzen zu denken«, und dürften etwas Ähnliches meinen, auch wenn mir Ihre Formulierung, offen gestanden, nicht sonderlich zusagt. Nehmen Sie den Star mit seinem weiß betupften Rücken und seiner grün schillernden Brust, der, den Schnabel voller Halme, mehrmals täglich auf jener Dachrinne gelandet ist, die ich von meinem Arbeitszimmer aus sehen kann, und in einer Lücke zwischen den Schindeln verschwand, um an einem mir verborgenem Ort sein Nest zu bauen. Nehmen Sie den Storch auf der Sirene, den Specht am Steinpfeiler, doch Ihr Bild des Schwimmkäfers, welcher in der Gießkanne, dem Gefäß – mehr noch: dem *Heiligen Gral*! – Ihrer Offenbarung, herumrudert, ist besonders eindringlich, und ich muß gestehen, auf meinen zahlreichen Spaziergängen dergleichen nie gesehen zu haben (von den Würmern, die ich aus Pfützen sammele, einmal abgesehen, doch dies, das Sammeln der Würmer aus Pfützen, ist, um die Wahrheit zu sagen, nur Buße für eine jugendliche Missetat, derentwegen ich noch immer ein schlechtes Gewissen habe) – obwohl ich ein Mensch bin, der die Augen offen und nichts in der Natur für selbstverständlich hält. Morgens aufzuwachen, als wäre man gerade eben geboren (natürlich als *Erwachsener*!), als wären Erde und Meer, Luft und Sonne völlig neue Erfahrungen – das ist, glaube ich, eine der nützlichsten Einstellungen.

Dennoch kann ich Ihnen, niedergeschmetterter Herr von H., nur raten, den Käfer zu vergessen und vor allem: nicht zu bedauern. Soll er für einen Halbsatz Ihres Briefes Symbol sein (ein starkes Symbol!) –

die Möglichkeit zu entkommen, hat er allemal. Vielleicht nimmt der Diener beim Gießen die Tülle ab? Vielleicht kippt er das Wasser aus, um frisches nachzufüllen? Vielleicht bieten die Innenwände der Kanne dem Käfer genug Halt, so daß er aus eigener Kraft fliehen und sich wieder zum Teich oder See begeben kann? Alles möglich, kein Grund zur Verzweiflung. »Shee, shee, is dead; she's dead: when thou know'st this, / Thou know'st how wan a Ghost this our world is« – auch Donne hat sich in seiner Verzweiflung verrannt, denn warum sollte unsere Welt ein Gespenst sein und noch dazu ein flatterhaftes? Ich *merke* nichts davon, wenn ich spazierengehe. Eher sind jene Vorstellungen, die wir uns von der Welt machen, solch flatterhafte Gespenster, aber wir beide haben uns ja bereits darauf geeinigt, nur noch das *Sehen und Fühlen* gelten zu lassen. Das, was man die »Seele der Natur« nennen könnte, liegt, wenn es sie gibt, auf der Oberfläche und nicht darunter – ohne Zweifel ist die Oberfläche die *wahre Essenz*, denn sie ist mit den Sinnen zu erfassen, und sie liegt im Atmen und Blühen des Lebendigen und in den Lichtern und Schatten, Farben und Formen des Unbelebten. *Tot ist nichts* – da haben Sie recht – nichts jedenfalls, was uns in irgendeiner Form erregt oder berührt. Und schreibt mein Vorfahre: »Springtimes were common cradles, but are tombes; / And false-conceptions fill the generall wombes«, dann bejammert er nur das Verpuffen all jener geistigen Schimären, die seine Welt bis dahin geordnet und erklärt und dadurch entschärft und verharmlost haben, und vergißt darüber, sich dieser Welt *mit den Sinnen* zu öffnen! (Warum hat er je aufgehört, Liebesgedichte zu schreiben?)

Ihre »die ganze Welt durchwebende Harmonie«, trostbedürftiger Herr von H., nehme ich allerdings weder wahr, noch weiß ich, ob ich sie überhaupt wahrnehmen *möchte*. Sie lassen Chandos eine von Ernüchterung verursachte »Kleinmut und Kraftlosigkeit« beklagen – »Weaknesse in the want of correspondence of heaven and earth« –, die einer »andauernden Trunkenheit« gefolgt ist, welche es ihm erlaubt hat, »das ganze Dasein als eine große Einheit« zu empfinden, und nun möchte er diese »Einheit«, die ihn sowohl in den Formen der Kunst wie auch beim künstlerischen Schaffen berauscht hat, als »Harmonie« in einer Gießkanne offenbart finden, in welcher ein Schwimmkäfer gefangen ist. Er wird sie aber nicht finden. Sie werden sie nicht finden. *Niemand* wird sie je finden, das schwöre ich bei allem, was mir heilig ist – das schwöre ich BEI DEN SOHLEN DER STIEFEL MEINES VATERS!! –, selbst wenn man jene »Chiffren« des menschlichen Körpers entzifferte, die »alles aufschließen«. Irgendeine Tür wird wieder ins Schloß fallen, eine Tür, von deren Existenz man bis dahin nichts wußte. Lassen Sie mich Ihnen versichern, geknickter Herr von H., daß die Sehnsucht nach Harmonie und Einheit vergeblich, ja: schädlich ist und durchaus Magengeschwüre zur Folge haben kann. Sie schreiben von Ratten, die man mit Gift zu töten befohlen hat, und schildern das plötzliche Mitgefühl mit einem Muttertier, welches »gegen das ungeheure Verhängnis die Zähne bleckte«. Dieses Mitgefühl ist ehrenvoll, doch es schwingt ein Pathos darin mit, das meiner Erfahrung nach von Eitelkeit und Selbstmitleid zeugt, und dies gilt auch für das Beispiel von Crassus: töricht und lächerlich ist dieser nicht – soll er um seine Muräne weinen – ich selbst weine über noch Geringeres –, doch kann ich mich nicht des Gefühls erwehren, als weinten Sie, betrübter Herr von H., in Ihrem Brief bittere Tränen *um sich selbst*, Ihre verlorenen Schimären und die Trunkenheit, welche damit einherging. Sie sehnen sich nach dem »tiefsten Schoß des Friedens«. Sie möchten bei Fausts Müttern Einkehr halten, ein Wunsch, den ich sehr gut verstehe, allein: Sie werden scheitern. Fänden wir den besten metaphysischen Sand und philosophischen Lehm, den unser Planet zu bieten hat, so müßten wir die Figuren, welche wir damit backten, doch immer weiter bearbeiten und zurechtstutzen, bis in den Augen eines Betrachters nichts mehr da wäre. Wir müssen uns von allen Systemen, gleich welcher Art, verabschieden, denn es sind Hirngespinste, die vielleicht die von Ihnen ersehnte »Einheit« und »Harmonie« oder gar den »Schoß des Friedens« herbeizwingen, den wachen Menschen aber einschläfern. Nötig haben wir statt dessen die gärenden, blubbernden und quellenden *Hefebottiche des elementaren Lebens*! Sie, bitter enttäuschter Hugo von H., fürchten, auf sich selbst zurückgeworfen und zwischen Widersprüchen und Paradoxen zerrieben zu werden, obwohl dies der einzige – aber natürlich keineswegs leichte – Ausweg ist. Machen Sie sich nur dünn genug, dann werden Sie entkommen!

Am meisten irritieren mich jedoch die letzten Zeilen Ihres Briefes. Sollten Sie, indem Sie Chandos Bacon als »größten Wohltäter meines Geistes« bezeichnen lassen, eine Ironie – ja, einen Sarkasmus – zum Ausdruck bringen wollen – vielleicht auch die resignierte Anerkennung des Anbruchs einer neuen Zeit: »This new world may be safer, being told / The dangers and diseases of the old« –, dann wäre ich beruhigt. Sollte es Ihnen aber Ernst sein, so könnte ich nicht anders, als Mitleid mit Chandos zu empfinden, weil er sich vor jenem Mann, der seinen Geist *verstört* und sein Käfer-Selbst in der Gießkanne neuer Ideen und Systeme gefangen hat, voller Ohnmacht auf solch schändliche Art erniedrigen muß. Soll er sein Herz, bei allem Verständnis für seine mißliche Lage, lieber gleich vom Tode *bersten* lassen. GENIESSEN, TROTZEN UND VERGESSEN, so lautet mein Wahlspruch, betrübter Herr von H. – fassen Sie Mut! *Mut! Mut!* –, und in diesem Sinne verabschiede ich mich von Ihnen: Zeit für meinen Einlauf.

Folkstone, im Juni 1929 John Cowper Powys

Zitate von John Donne aus *An Anatomie of the World*; Zitate von John Cowper Powys aus *Letters to Llewelyn* (Volume 1), *The Meaning of Culture*, *Obstinate Cymric* und *In Spite of*.

Dirk von Petersdorff

Frische Pilze

Eure Lordschaft,

wenn Sie gestatten, möchte ich gleich auf jene Muräne eingehen, von der Sie berichten, daß Crassus der Redner sie über alle Maßen liebgewann, so daß es schon zum Stadtgespräch wurde. Darauf angesprochen, habe Crassus die Angelegenheit mit einem Scherz überspielt, in einen Witz aufgelöst, wie Sie sagen. Schön und berührend ist, von der Lächerlichkeit und Verächtlichkeit dieses Menschen zu hören, der mitten in einem die erhabensten Dinge beratenden, weltbeherrschenden Senat agierte und gleichzeitig in einen Fisch verliebt war. Aber, so könnte man auch fragen, war es nicht gut und richtig, daß Crassus scherzend darüber hinwegging? Denn so blieb die Sache, die ihm sehr wichtig war, unangetastet, blieb in der Distanz. Mir scheint, daß damit die Frage zusammenhängt, wie man von hohen, heiklen oder womöglich heiligen Dingen und Empfindungen spricht, von denen Ihr Brief einige enthält.

Vielleicht haben Sie Verständnis, Lord, wir leben in nüchternen Zeiten, so viel später als Sie; nehmen wir an, Crassus hätte gesagt: »Das Bild meiner Muräne ist zuweilen nachts in meinem Hirn, wie ein Splitter, um den herum alles schwärt, pulst und kocht. Es ist mir dann, als geriete ich selber in Gärung, würfe Blasen auf, wallte und funkelte.« Wäre das wahrer? Crassus war Rhetor und behalf sich mit einem Scherz. Auch gegen die Rhetorik hegen Sie Bedenken, weil sie nicht hinreicht, ins Innere der Dinge zu dringen. Vielleicht liegt es an den nüchternen Zeiten, aber ich schätze Rhetorik und auch kleine Scherze, gerade wenn vom Inneren der Dinge die Rede sein soll, denn so wird es geschützt, in einem Halbdunkel gehalten, einer Empfindlichkeit, so kann es sich weiter bewegen. Wie spricht man denn am besten vom Hohen – denn um dieses Hohe geht es Ihnen doch, Sie haben Sprachzweifel, weil Sie Religion haben, und ringen mit der Sprache, weil Sie mit den letzten Gegenständen ringen; spricht man vom Hohen vielleicht am besten mit niederen Worten?

Das Paradies ist natürlich gesperrt, und ein strenger Engel steht davor. Wenn wir nun klagen und losorgeln und wollen in Tönen reden wie der Engel persönlich –

zuckt der nicht mit der Wimper. Wenn wir ihn darauf hinweisen, daß gerade jetzt die Wahrheit eintritt ins Metapherngestöber – ach, wenn Engel gähnen könnten. Aber man hat schon von einem Hinter-Eingang ins Paradies gehört, zu dem man lange wandern und wo man vieles zurücklassen muß.

Die Situation wiederholt sich, daß eine Sprache alt wird; jene, die in ihr alles ausgedrückt haben, was ihnen wichtig war, klagen und wollen sie festhalten. Aber gleichzeitig wächst eine neue Sprache, die jene nicht sehen wollen, die sie für falsch oder verschmutzt halten. Ließe sich nicht womöglich auch in ihr alles Bedeutende sagen? Und gibt es nicht jene Dichter, die eine neue Welt in die Sprache hineinspülen? Eine alte Sprache trocknet langsam aus wie ein Land ohne Wasser, wird rissig, und nur noch Trockenheit herrscht. Was hier noch wächst, sind Falten und Ressentiments. Und man beharrt auf dem Vertrocknen. Dann aber schießt die neue Rede wie ein Schwall über das Land, dringt in die Ritzen, bewegt und verfugt die Teile wieder, läßt neu grünen. So wie das Meer mit gellem Laut, mit wildem Prall noch einmal in die lang verlassne Muschel stößt. Diesem neuen Wasser kann man sich aussetzen, sich erfrischen, nicht klagen. In jener neuen Sprache kann man versuchen, das Hohe zu sagen, was sich womöglich durch die Zeiten nicht so sehr unterscheidet.

In dieser Weise spreche ich mir Mut zu, Lord, denn Ihr Brief ist, zweifellos gegen Ihre Absicht, seltsam gelesen worden. Sie haben Zweifel an der Sprache, Lord, aber Sie finden für diesen Zweifel schöne Bilder. Wie köstlich ist jene halbvolle Gießkanne unter dem Nußbaum mit dem Schwimmkäfer, der auf dem Spiegel des Wassers von einem dunklen Ufer zum anderen rudert; mehr bedarf es nicht. Aber manche haben Ihre Fragen anders verstanden, kleine Beilchen genommen und die Sprache gehackt, so wie man den Schnittlauch hackt. Und die Skepsis alten Formen gegenüber, die einschnürend geworden sind, ist zum Verzicht auf jede Form geworden, o Lord: Unsere Schauspieler sind nackt, reden sehr laut, sehr schnell und essen zuletzt ihre Haare auf. Man hat auch keine Werke mehr geschrieben, sondern Nicht-Werke, in denen es um die Unmöglichkeit von Werken ging und die trotzdem recht dick geworden sind. Wie weit ist es gekommen: Wenn ich heute von einem »Jenseits der Rhetorik« höre, denke ich nur heimlich, still und leise: »Bitte nicht.« Und bitte laßt eure Ahnungen stecken; bitte denkt nicht mit dem Herzen, bitte haltet den Ball flach. Denn wir leben neben den nüchternen auch in schwärmerischen Zeiten, und mancher findet gleich jedes Gartengerät heilig.

So wird man skeptisch, wenn man sieht, daß die Nicht-Konvention Konventionen hervorbringt, was sonst. Ich kann verstehen, daß Sie die Grille unter den winterlichen Wolken offenbarender finden als den Klang der Kirchenorgel. Ach, es gab eine Zeit, wo die Privatmystik erfrischend war, aber Lord, alle meine Freunde haben inzwischen ihre Grille, jeder belegt sich die eigene Pizza, hat heilige Steine in der Tasche, massiert sich am Schreibtisch und stellt wegen seltsamer Geister die Möbel um. Vor kurzem erzählte mir sogar einer, man solle das Bier erwärmen, und zwar richtig erwärmen, nicht nur ein wenig, Lord, wegen der Energieströme, die in uns allen wirken. Deshalb überkommen mich merkwürdige Anwandlungen, die meiner protestantisch-verhetzten Seele zwar nicht helfen, aber es ist so: Dann sehe ich im Fernsehen die heiligen Feiern auf dem Petersplatz, den Papst, der die Füße wäscht – und wie erhebend ist dies nach all den Aromatherapien. Vor allem das Füßewaschen: in einer ewig-alten, groß gezeichneten Ordnung diese kleine, empfindliche, sogar etwas unangenehme Handlung. Auch mag ich die strengen Entweder-Oder-Kardinäle mit den präzise gezeichneten Falten, die fragen: Lord, Sie sprechen in Ihrem Brief von Worten, die jene Cherubim niederzwingen sollen, an die Sie nicht glauben; wie geht das?

Ihre Trauer, Lord, scheint mir auch daraus zu rühren, daß Sie glauben, etwas sei für immer vorbei. Nie wieder werde man sagen können, was Sie einmal glaubten,

»daß geistige und körperliche Welt keinen Gegensatz bilden, ebensowenig höfisches und tierisches Wesen, Kunst und Unkunst, Einsamkeit und Gesellschaft; in allem fühlte ich Natur«. Aber ist wirklich etwas für immer zerdacht oder unmöglich geworden? Paulus zum Beispiel, der in Athen predigte, tat dies, nachdem die Vernunft schon einmal um die Erde herum war. Denn wer war nicht schon aufgetreten: Supercoole Ironiker, die jede Wahrheit zerlegen, jede Behauptung zerpflükken, benahmen sich wie der von Sokrates einmal geschilderte Zitterrochen, der jedem Wesen einen Schlag versetzt, das sich ihm nähert. Und natürlich die Sophisten, die – echt lässig – »wahr« zu einem Attribut erklärten, das wir nun einmal brauchen, um durchs Leben zu kommen. Paulus wurde mit seinen Geschichten, Wundern, Gleichnissen und steilen Behauptungen verspottet. Aber er gewann die Menschheit, und die Kritik sah alt aus. Oder Franziskus von Assisi, mit dem Sie einige Vorlieben teilen wie die Vereinigung von traumhaftüberirdischer Natur und leiblicher Gewalt, die Verbindung von schäumender lauer Milch aus dem Euter der struppigen Kuh mit der hohen Nahrung des Geistes. Aber auch damals hatten wir schon eine schöne Portion Rationalismus zu uns genommen, mit Standards der Argumentation und Begründung, wie die Philosophen zu sagen pflegen. Die große scholastische Apparatur war schon angeworfen, nahm auf, drehte, wendete, debattierte und diskursivierte. Sorgen gab es auch keine, es gab die oberitalienische Spaßgesellschaft, und Franziskus selber war ein Yuppie, trug die edelsten Stoffe, sang modisches Zeug und kam bei den Mädchen, was man hört, ausgezeichnet an. Aber was ist passiert? Und wie kann man es mit einem derart naiv-törichten Verhalten so weit bringen – sich auf dem Marktplatz ausziehen, den Vögeln predigen, den Lateran stützen, auf einem Feuerwagen durch den Himmel sausen? Ich meine damit nur, daß man sich vielleicht nicht so sicher sein sollte, was ein für allemal erledigt ist und was man nicht mehr sagen kann.

Jede Zeit hat ihre Pilze, aber man kann sie auch ausspucken. Wenn Sie sagen, »Seele« geht nicht mehr, obwohl es doch zweifellos eine Seele gibt – da muß man doch nicht gleich Schweigedramen verfassen oder ganz verschwinden wollen. Die Rhetorik stellt sich um, und wieder umkreist sie das ewig Mögliche am Grund des Menschen, jenes Edle und Zarte, das immer nur im Werden ist, die Empfindlichkeit im Kern der Seele; oder wie man es nennen will. Es kommen neue Seelen und neue Mystiker; sie reden etwas anders, sind auch anders angezogen, aber sie meinen doch ungefähr das gleiche. Und haben, wie Sie, Lord, davon spricht Ihr ganzer Brief, den entschiedenen Willen, das Dasein zu feiern. Vielleicht gesellen Sie sich zu ihnen, Lord?

Judith Kuckart

Zürich, den 30. April 2002

Lieber Lord Chandos,

ich bin Buchhändler und gestehe, ich schreibe heimlich auch. Mein Geschäft liegt zwei Minuten vom Zürcher Bahnhof entfernt, und meinem Schaufenster gegenüber ist ein mehrstöckiges Bordell, in dem die Frauen im Schaufenster sitzen, unter rotem Licht. Die meisten schauen Fernsehen, solange kein Kunde da ist.

Ich, lieber Lord, schreibe, wenn Kundschaft ausbleibt.

Männer stehen oft über eine Stunde auf meiner Straßenseite, aber mit dem Rücken zu meinem Schaufenster. Sie schauen nur nach den Fenstern gegenüber. Bei Nacht ist das Haus wirklich sehr eindrucksvoll. Wie ein Adventskalender.

Sie sehen, lieber Lord, meine Lage ist schlecht. Und in der Not beginnt der Mensch zu schreiben.

Ich bin noch nicht soweit, daß ich, wie Sie, begriffen habe, daß kein Begriff mehr greift. Ich will noch nicht soweit sein, ich will noch kämpfen. (Übrigens, ich habe auch das Pilzabitur.)

Ich heiße Josef Kukla, bin aus Duisburg und habe den Buchladen von meinem Onkel übernommen, der vor siebzehn Jahren starb. Auch Ihre Bücher, lieber Lord Chandos, führe ich. Sie stehen in dem Regal hinter der Kasse.

Gestern war ein verregneter Tag.

Jemand unter einem schwarzen Schirm ging vorbei, zögerte und kam herein. Der erste Kunde am Tag. Die Mädchen gegenüber waren auch schon auf ihren Positionen. Zwei schauten Fernsehen, eine lackierte ihre Fußnägel, und vier lasen Zeitschriften. Der Mann stellte seinen Schirm in den Ständer bei der Tür, der die Form eines Schirmes hat, aber in Gold.

Der Mann ging, ohne erst einmal stöbern zu wollen, auf mich zu und fragte: Haben Sie eine Gesamtausgabe von Hugo von Hofmannsthal?

Ja, sagte ich, drehte mich um und holte mit einem Griff gleich mehrere Bücher aus dem Regal hinter der Kasse. Ich legte sie auf den Ladentisch.

Der Mann griff nach dem mittleren, blätterte, legte es hin, griff nach dem nächsten, blätterte, wie man auf der Suche nach einem Lesezeichen blättert, und legte es wieder hin.

Als er das dritte in der Hand hatte, blätterte er nicht. Er sagte: Sehr schön, sehr schön. Aber haben Sie diese Ausgabe auch noch in einer anderen Farbe?

Morgen ist der 1. Mai, lieber Lord, da bleibt mein Geschäft geschlossen. Aber ich werde da sein, hinter dem Tresen, und schreiben. Ich bin gern hier, ich werde immer gern hier sein.

Ich grüße Sie herzlich, und weil Sie ein Lord sind, auch ehrerbietig,

Ihr Josef Kukla, Buchhändler

Wolfgang Hilbig

Eine Antwort

»Die Verlierer sterben zuerst.« – –

Lassen Sie mich mit dieser ungnädig klingenden Banalität beginnen, geehrter Lord Philipp, denn eine ernstliche Antwort auf einen hundert Jahre alten Brief kann es nicht geben. Der Empfänger, dem eine solche Antwort zugedacht wäre, hat sich längst in die Sphären der Unerreichbarkeit abgesetzt. Gehör und Gesichtssinn sind ihm verloren, der Atem hat ihn verlassen, und wenn sein Hirn noch irgendwo denkt, so sind diese Gedanken der sogenannten Welt nicht mehr zugänglich.

Ach, welche grausamen Gemeinplätze! Ich wage sie dennoch in das Irgend- oder Nirgendwo einer fernen Sternenwelt zu senden, auch wenn ich nicht einmal ihre Richtung weiß. Möge der Zufall meine Worte lenken, schenke mir das wechselhafte Glück für Augenblicke ein geneigtes Ohr, ohne das ich verloren wäre, ohne das ich entblößt wäre wie der Spieler, der in einer einzigen Nacht all seinen Besitz verspielt hat und nackt hinaus in die Gasse tritt, die ohne Licht ist und in der die unzähligen Tode lauern.

Mein Fall ist, in Kürze, eben derjenige, den Sie beschrieben haben: Es sei Ihnen völlig die Fähigkeit abhanden gekommen, über irgend etwas zusammenhängend zu denken oder zu sprechen. – Mit einem Unterschied: Es ist mir nie gelungen, eine solche Fähigkeit zu erlangen. Ich bin aufgewachsen mit dem Verlust dieser Fähigkeit, ich bin beinahe ohne diese Fähigkeit geboren.

Das Jahr, in dem ich zur Welt kam, war ein furchtbares Jahr. Am selben Tag, an dem ich geboren wurde, hat man … Nein, ich muß genauer sein, das unbestimmte Wörtchen »man« ist hier nicht zulässig, ich muß die Dinge beim Namen nennen: Am 31. August 1941, an meinem Geburtstage, wurde durch das deutsche Polizeibataillon 320 in der Stadt Minkowzy eine Erschießung durchgeführt, es wurden Juden erschossen, die Zahl der Gemordeten belief sich auf 2200 Männer, Frauen und Kinder. – Ich weiß nicht, wo die Stadt Minkowzy liegt, in Polen, in Rußland, ich weiß nicht, ob sie überhaupt noch existiert, ich konnte das Buch, das für fast jeden Tag der Monate August und September des Jahres 41 ähnliche Massenerschießungen auflistet, nicht zu Ende lesen, ich konnte es nicht zusammenhängend lesen, ich warf es beiseite, hob es wieder auf, blätterte weiter, wahllos, ich riß mir die Brille vom Gesicht, die mir den Dienst zu versagen schien; es war meine Denkkraft, die mir versagen wollte. – Die Götter haben mich scheinbar mit einer zu starken Vorstellungskraft geschlagen: Ich durfte die Bilder fließenden Bluts, schreiender nackter Menschen, noch zuckender Körper, die mit Löschkalk und Erde zugeworfen wurden, nicht in die Nähe meines Denkvermögens lassen. Ich kann mir die ungeheure Zahl 2200 getöteter Menschen nicht zusammenhängend vorstellen, aber ich muß davon wissen, damit der schwache Widerstandswille in mir nicht zum Erliegen kommt, denn es ist der Wille eines einzelnen, eines, der auf sich selbst zurückgeworfen ist. Da, wo ich lebe, weiß ich niemanden, der so denkt wie ich ... und sollte es da noch den oder jenen geben, so weiß er es nicht von mir. – Die Menschen, die ich reden höre, bedienen sich fließender Sätze, sprechen in logischer Abfolge, geben ihrer Freude, oder auch ihren Verstimmungen, erstaunlich sicheren Ausdruck, sie verstehen, was sie sagen, und lassen andere an ihrem Verständnis teilhaben, auf das sie vertrauen: Ich kann das nicht und vielleicht, Mylord, habe ich es nie gekonnt.

An einem der Tage jenes unheilvollen Jahrs, von dem ich sprach, erblickte ich, schreiend, wie man so sagt, das Licht der Welt. – Ich lebe noch immer unter dem Licht der Welt, und es ist aus mir ein sanfter liebesbedürftiger Mann geworden, der in sprachlicher Hinsicht nicht vollkommen ohnmächtig ist, aber ich frage mich, wie kann ich das Licht, das mich bescheint, auch wenn es das Licht schlafloser Nächte ist, in Zusammenhang bringen mit mir. Hätte mich die Vorsehung, die sich aller möglichen Unwägbarkeiten bedient, nur zwanzig Jahre früher zur Welt gebracht, so wäre ich womöglich einer jener schönen, blonden und blauäugigen Männer geworden, welche, blutbesudelt, lachend und besoffen, an Untaten teilnahmen, die sie hernach ableugneten, und die noch heute allzu oft geleugnet werden. Und ich spreche in einer Sprache, die so vielfältige Möglichkeiten jener Leugnung zuläßt, und ich kann mich, aufgrund von Zufällen, nicht einmal anklagen dafür.

Auch ich kenne das Gefühl, wie mir die abstrakten Worte, deren sich die Zunge naturgemäß bedient, um irgendwelche Urteile abzugeben, im Mund zerfallen wie modrige Pilze … um den, mit Verlaub, etwas schiefen Vergleich zu wiederholen, dessen Sie sich bemächtigten und der nur für die wahrheitsgetreue Erklärung Ihres Zustandes spricht. Mir sind alle die Begriffe wie »Untat«, »Mord«, »Lüge« oder »Ungeist« so abstrakt geworden, weil ihre Zusammenballung in Zahlen ein einzelnes Hirn mit einer Maßlosigkeit überfordert, die ihrerseits schon ein zerfallendes Abstraktum ist. – Sie wissen es vielleicht nicht – oder doch … wer kann sich schon vorstellen, was dort, wo Sie jetzt sind, Lord Philipp, zu wissen möglich ist –, was daraus hervorging, nachdem die Welt des Wahnsinns, in die ich hineingeboren wurde, zusammenbrach. Die Erde teilte sich auf in zwei ... oder auch in drei ... hauptsächlich aber in zwei miteinander zerfallene Teile, die sich auf unerhörte, auf noch wahnwitzigere Weise mit erneutem Krieg bedrohten, und zwischen diesen Weltteilen irrte ich umher, und in keinem davon gelang es mir, zu einem Ausdruck von Zusammenhängen zu finden. Es geschah mir, und ich muß das ein Verbrechen nennen, daß ich mein Töchterchen eines Abends in den Schlaf wiegte und, als ich es tief schlafend wähnte, wie der Dieb das Haus verließ, um mich abzusetzen, um mich, über welche Umwege auch immer, in die Welt der Gegenseite davonzumachen. Und ich weiß bis heute nicht, und kann es nie erfahren, wie es um die Kleine bestellt war, als ich nach dem Ende dieser Nacht spurlos verschwunden war. Wenn meine Tochter heute vor mich hintritt und mir Lügen sagt, schon längst keine kindischen mehr, so weiß ich doch nicht zu antworten, ganz wie der Mörder, der auf einen unwiderleglichen Beweis keine Antwort weiß. Ich würge mir Abstraktionen aus der Kehle, die nichts erklären, entschuldige mich mit der Literatur, in der ich mich versuchte und die mir wichtig gewesen, aber gleich darauf schließe ich den Mund, bin keines erlösenden Wortes mächtig und starre in die eigene Leere, die in mir zunimmt wie eine ausgebrannte dunkle Wüstenei.

Ja, ich lebe, ich bin nicht unter den Verlierern gewesen, die vor den Siegern gestorben sind, aber ich bin auch kein Sieger gewesen. Die Verliererin in mir ist offenbar die Sprache, deren Sterben um sich greift und zunimmt.

Eine Freundin, eine, die ich sehr lieb habe, sagte einmal zu mir, sie überlege schon lange, was ich eigentlich wolle, was mein Ziel sei, von dem ich vielleicht selbst nicht wisse, das preiszugeben mir jedenfalls niemals einfalle. – Ich ahnte plötzlich, was du willst, sagte sie dann, ich denke, du willst die Literatur retten? – Ich schwieg und nickte auf eine Weise, daß daraus wahrscheinlich wenig Zustimmung zu entnehmen gewesen war. Aber wenn sie recht gehabt hätte, woher nahm ich einen solchen Hochmut? Ich einigte mich mit mir selbst darauf, daß ich zumindest Widerstand zu leisten habe gegen den Zerfall der Literatur. Ich weiß nicht, wie, aber zumindest den Ansatz eines Widerstands müsse ich wagen.

Und so interpretiere ich Ihren Brief, Philipp Lord Chandos: als einen Versuch, Widerstand hervorzurufen gegen den Zerfall, der Ihnen widerfuhr, und letztlich als den Versuch, eine Verneinung Ihres Briefs zu mobilisieren und den Widerstand dagegen reifen zu lassen.

A. D. 2002, diesen 29. Mai W. H.

Klaus Böldl

Wenn ich, verehrter Chandos, wie heute morgen auf dem Weg zum Supermarkt durch die Straßen der Stadtrandsiedlung wandere, überkommt mich regelmäßig ein Gefühl, als hätte ich mich im symmetrischen Einerlei der Straßen und Wohnblöcke, das sich in den Worten und Gesten der Bewohner unerbittlich fortsetzt, schon halb aufgelöst, in etwas annähernd Abstraktes. Den Siedlungsbewohner im allgemeinen. Sie kennen es vielleicht, es fühlt sich ein wenig wie ein Schwindel an, wenn man so verblaßt. Es ist, wenigstens für den Moment, nicht eigentlich unangenehm. Dennoch kämpft man dagegen an, irgend etwas setzt sich zur Wehr. Daher bleibe ich stehen und warte, bis sich etwas Lebendiges einstellt, in das man sich hineinverlieren kann, um anschließend ein wenig wiederbelebt in sich zurückzukehren. Es genügt ein Meisenschwarm, der sich in einen der hier unweigerlich quaderförmig zugeschnittenen Büsche herabsenkt. Oder eine der vielen alten Witwen, die vielleicht ein quietschendes Einkaufswägelchen hinter sich herzieht. Oder, wie heute morgen, ein Kind, das mit einem aufgespannten Regenschirm Luftsprünge macht, in der Hoffnung, die Schwerkraft zu überwinden. Viele Kinder hier in der Siedlung sind so seltsam; man weiß nicht, sind sie zurückgeblieben oder bedeuten ihre abseitigen Spiele eine stille, aber bestimmte Art, die hier oben tatsächlich noch weniger als sonstwo hinnehmbare Realität zurückzuweisen. Ein wenig erinnern sie mich an Sie und Ihre Schäferspiele, bester Chandos. Sie sind, wie man heute so sagt, im falschen Film.

Und noch etwas muß ich Ihnen gestehen, verehrter Chandos: Selbst das Zufußgehen will mir nicht mehr so gelingen wie früher; irgendwie hat es seine Selbstverständlichkeit verloren. Nicht daß ich durch die Gegend torkeln oder stolpern würde; so weit ist es noch nicht gekommen. Doch ich bin gezwungen, in jeden meiner Schritte eine finstere, verzweifelte Entschlossenheit zu legen, mit geballten Fäusten und festen Tritten auf ein tatsächlich belangloses oder möglicherweise gar nicht vorhandenes Ziel loszusteuern. Um mich überhaupt fortzubewegen, verstehen Sie? Die Vorstellung, daß die automatische Eingangstür des Supermarktes sich vor einem Menschen auf der Welt, vor mir, *nicht* öffnen wird, daß die Rolltreppe unbeweglich bleibt, wenn *ich* auf den Kontakt am Treppensaum trete, daß der Geldautomat auf *meine* Eingabe überhaupt nicht reagiert, weil schimärische, sich kaum abzeichnende Existenzen selbstverständlich nicht am allgemeinen Zahlungsverkehr der Menschen partizipieren können – alle diese Befürchtungen quälen mich in einem fort, wenn ich nur mein Zimmer verlasse. Ich verlasse es selten. Ja, alles, was da draußen vorgeht, ist ungeheuerlich; es gibt kaum Worte, die dort hinreichen.

Erinnern Sie sich, wie Sie mich hier vor etwas mehr als zwei Jahren besucht haben? Vielleicht war Ihnen schon bei der Einfahrt des Zuges in unsere Stadt klar, welchen irreparablen Fehler Sie mit diesem Besuch machten. Beim Blick in den Wartesaal, in dem es nach Urin stank, waren Sie schon widerlegt. Spätestens aber als wir gemeinsam den Bahnhofsplatz überquerten, mußten Sie sich darüber im klaren sein. Die Dreckschicht an den Scheiben des Busses. Was da im Bus geredet wurde. Wenn Sie auch dreimal die Erde umrundeten in so einem Bus, von Ihren Schäferspielen wäre nie die Rede.

Zwei Stunden lang standen wir dann an jenem ziemlich kalten Januarnachmittag gegen die Brüstung des Balkons meiner Wohnung im siebten Stock gelehnt und schauten auf die Stadt und auf die Felder ringsum hinunter. Auf den Fluß, der in einer weiten eleganten Biegung die Stadt unten in der Ebene durchquert. In der Winterdämmerung nahm der Fluß die graurosa Farbe des Himmels an. Und als dann das letzte Tageslicht vergangen war, sahen wir die Autobahn, ganz weit weg, ein schwach glimmender Nebelstreifen, in dem sich rote und weiße Lichtpunkte bewegten. Türenschlagen auf dem Parkplatz unten: Es war die Stunde, in der die Angestellten heimkommen, auf dem Weg zur Wohnung dann noch flugs ihre Ehemänner- und Vätermienen aufsetzen. Das bläuliche Aufflackern der Fernseher hinter den Fenstern des Blocks halb links – nur allzu deutlich ist es Ihnen in Erinnerung geblieben. Die Hausfrauen an den in allen Wohnungen hier identischen Küchenzeilen im Neonlicht: das blanke Entsetzen.

Es hätte vielleicht des Spaziergangs am folgenden Vormittag gar nicht mehr bedurft: Schon der finstere Hausflur, in dem es immer nach übergekochter Milch und faulem Gemüse riecht, hätte womöglich genügt. Der Spielplatz mit der rostigen Rutsche und den schmutzigen Schneeresten in der Januarsonne hätte schon genügt. Die fahle Schönheitskönigin, deren Krönung wir im Einkaufszentrum beiwohnen durften. Aktionswoche im Baumarkt. Das Vorstadtcafé mit den klebrigen Resopaltischen und den Plastikblumen; es wäre für sich genommen schon ausreichend gewesen.

Heute mittag, als ich am Schreibtisch saß und Ihren

Brief las, begann es so heftig zu schneien, daß es im Zimmer heller davon wurde. Dieses Schneelicht, Sie wissen es, ist kalt und fahl wie das Licht in den Träumen, wo jemand gestorben ist. Ich trat auf den Balkon hinaus. Ich dachte an Sie, an Ihre komisch-verzweifelt gestikulierenden Wörter. Und wie sie sich von Ihnen verabschiedeten und über die Ihr Gut umgebenden Hutweiden eilig das Weite suchten. Diese Vorstellung belustigte mich. Das Weichbild der Stadt erschien im Flockengewirbel völlig ausgelöscht. Das Mittagsläuten von der Domkirche hatte sich irgendwie von seinem Ursprung gelöst; es war, als ob sich jeder Glockenschlag an einem anderen Punkt in der windstillen Luft ereignen würde. Wieder am Schreibtisch sitzend, versuchte ich, einzelne Flocken in den Blick zu bekommen, in wachsender Unruhe. Ja, es kam mir tatsächlich so vor, als hätten sich die wunderlich runden und weichen Buchstaben, aus denen sich Ihr Brief zusammensetzt, von den Blättern erhoben, um ein wildes oder vielleicht auch sanftes, in jedem Fall aber die ganze Welt auslöschendes Zeichengestöber aufzuführen. Aber, wie Sie wissen, wenn man das Schneien das ganze Blickfeld ausfüllen läßt, geht etwas Besänftigendes davon aus. Dann ist die Bewegung der einzelnen Flokken plötzlich aufgehoben in einer Reglosigkeit, die der eines klaren, stillen und vollkommen leeren Sommernachmittagshimmels gleichkommt.

Marlene Streeruwitz

An den Autor. Über den Autor.

Während ich hier schreibe, ist gerade das Achtelfinale der Fußballweltmeisterschaft 2002 zu Ende gespielt. Die Mannschaften des Viertelfinales stehen fest. England. Deutschland. USA. Spanien. Südkorea. Brasilien. Türkei. Senegal. Die Fußballweltmeisterschaft 2002 wird in Japan und Korea ausgetragen. Die europäischen Männer beklagten sich über die Zeiten, zu denen die Matches ausgetragen wurden. Wegen der Zeitverschiebung fanden die Übertragungen um die Mittagszeit statt. Während der Bürostunden. Und die Mitarbeiter fußballunverständiger Betriebe mußten sich mit den Zusammenfassungen der Ergebnisse in den Sportsendungen am Abend begnügen. Trotzdem wurden in England bisher so viele Rachenpastillen verkauft wie sonst im ganzen Winter. Offenkundig wurden trotz der schlechten Übertragungszeiten die patriotischen Kehlen heiser geschrien. Kehlen, die heute wieder durchaus rassistisch auf Sieg bestehen. Dabei ist wieder ein Schritt westlich eurozentrischer Kolonialisierung abgeschlossen. Der Text Fußballmatch ist globalisiert und bleibt eurozentrisch dominiert. Damit ist neben der Oper und der Werbung eine Textform weltweit etabliert, die auf ein Ziel orientiert ist und die nichts anderes zuläßt als Gewinner oder Verlierer. Die nur über Affirmation zu deuten ist. Und die eine freie Entwicklung des Spiels ausdrücklich verhindern soll. Solche Texte werden hierarchisch erstellt. Irgendwann entscheidet eine Person, wie der Text endgültig vor sich gehen wird. Beim Fußball ist das dann der Trainer. Das Ziel, das gewonnen werden muß, bindet alle Mitwirkenden in eine Verabredung. Freiheit ist so unmöglich. Man stelle sich vor, die Fußballer gäben ihr Gladiatorendasein auf und wollten auf dem Rasen wirklich ein Menuett tanzen, wie das in den Sportmetaphern gesagt wird. Ich denke, es würde empörter zur Kenntnis genommen als eine Rauferei. Der Kampf ist ja ohnehin Subtext. Damit kann mann rechnen. Freiheit in Stoff und Form. Das ist genau das, was verhindert werden muß, um das Ziel erreichen zu können. Und verhindert wird das durch den Rahmen der Zuschauer, deren Anwesenheit auf die Einhaltung der Abmachung dringt. So wird das Fußballmatch zu einem Text, in dem alle Strukturen auf das Ziel »Sieg«

hin ausgerichtet werden. Der alleinentscheidende Trainer gibt dem Stoff, den Fußballspielern und der Form, Regeln und Strategie einen Entwurf. Im Spiel fügt sich Stoff und Form in der Zeit und der Gegnerschaft zu einem Text zusammen, der immer von diesem intendierten Ziel aus gelesen werden muß. In stundenlangen Diskussionen vor der Kamera und am Stammtisch kann dann überprüft werden, wie weit diese Textintention mit dem realen Text übereinstimmt. Ist die Strategie aufgegangen. Hat die Strategie gehalten. Eine solche Entwurfskongruenz wird von Schlachtplänen erwartet. Alles Material und alle Form, auch des Gegners, wird auf das Ziel »Sieg« hin entworfen und gleichzeitig unterworfen. Abweichung davon wird bestraft. Der auctoriale Autor macht das nicht viel anders. Der auctoriale Autor weiß ja immer schon, was das werden wird, was er schreiben wird. Was das werden soll. Der auctoriale Autor kennt das Ziel. Im Fall von *Ein Brief* liegt dann sogar noch historische Gegebenheit vor. Hofmannsthal geht von einer quasirealen Existenz aus. Der Stoff ist in diese Gegebenheit beschränkt. Ist unbeweglich. Erstarrt. Eingefroren. Der Autor kennt den Ausgang. Chandos kann nur eine mittlere Handlungshemmung zugeordnet werden. Es kann nur eine milde Form von Auflösungssehnsucht zugeteilt werden. Chandos wird sich nicht umbringen. Oder wahnsinnig werden. Oder normal. Der Text beruht auf einem Vorentwurf, der dem Material keine Bewegung erlaubt. Die Form kann dann nur das Konventionellste werden. Ein Brief ist das allemal. Ein so artiger ganz sicher. Und Nostalgie ist ja beabsichtigt. Nostalgie. Das ist das Mittel und das Ziel auctorialer Texte. Nostalgie als metaphorischer Raum eines Nationalen. Der Unterschied eines solchen Texts zum Fußballmatch oder zur Schlacht liegt darin, daß der Autor die Verknüpfung des vorgegebenen Stoffs in die konventionellen Strukturen und Regeln auf die Endintention ausgerichtet festlegt, bevor der Text gelesen werden kann. Match oder Schlacht bringen sich während des Entstehens zur Erscheinung. Disziplinierung und Geordnetheit, Abwehr und Angriff sind in allen Fällen Grundstruktur. Die »Schlacht« des auctorialen Autors findet am Schreibtisch statt. Mythos und Feier des auctorialen Autors benehmen sich dann ja auch so. Der siegreiche Heimkehrer aus der Schlacht, der das Geheimnis des Schlachthauses da kennenlernen mußte. Es ist ja dieses Geheimnis, das im Zusehen beim Fußball, bei den Videos und Berichten vom Krieg oder bei der Verehrung des auctorialen Autors geteilt wird. Mitgeteilt wird. Der Adel der Teilnahme an der Ahnung vom Geheimnis des Patriarchats. Das verbindet. Und im Fall der Fußballweltmeisterschaft hat die Form des westlich eurozentrischen Patriarchats gewonnen. Aber die Globalisierung kann sich darauf verlassen, daß dieses Geheimnis überall ganz gut entschlüsselt werden kann.

Kann aber nun zu einem auctorialen Text eine Frage gestellt werden. Oder eine Antwort gegeben.

Aus der auctorialen Logik selbst wäre eine Antwort sinnlos. Ist eine Antwort sinnlos. Ein Text, wie *Ein Brief*. Der hält ja die Antworten schon bereit. Schreibt die Antworten in die Fragen. Liefert die Antworten im Subtext mit. Ein auctorialer Text muß sich die Antworten beim Lesen zurechtlegen im Entwurf auf das Ziel hin. Von Satz zu Satz erfüllt ein solcher Text sich und enthebt den Leser und die Leserin sich selbst. Führt. Entführt in der Geschlossenheit von Frage und Antwort in den unwidersprechbaren metaphorischen Raum. Das Lese-Ich wird mit auctorialer Bedeutsamkeit überschüttet und weiß diese Segnung kanonisch zu deuten, wenn es gebildet ist und damit teilnehmen kann. Der auctoriale Text zieht das Lese-Ich in sich und entläßt es aufgeladen mit der Erfülltheit dieser sich selbst beantwortenden Bedeutsamkeit. Dem Lese-Ich bleibt nur, sich erfüllen zu lassen. Sich einem solchen Text hinzugeben und erfüllt zurückgelassen zu werden. Patriarchaler Ich-Kannibalismus ist das. Ganz so, wie das Über-Ich dem Ich das Territorium beengt. Im Aufmarsch gegen die Wünsche. Ganz so, wie das Über-Ich dem Ich die Wünsche unerklärt lassen will und deshalb die Wünsche in Metaphern umschreibt. Zur Unkenntlichkeit der Wünsche für das Ich. Und zur gleichzeitigen Unterwerfung des Ich unter diese, durch die Metapher dem Ich unerkennbaren Wünsche. Ganz so hat das Lese-Ich mit diesem Text nichts zu tun und soll doch geformt werden. Und wird geformt. Die sprachliche Anordnung preßt sich über Außersprachliches. Das Lese-Ich hat über emotionale Aufladung gelernt, die Welt in einer bestimmten Form zu sehen. Die Welt ist anders geworden, und das Ich des Lese-Ichs muß sich danach ausrichten. Und darin liegt die Selbstkolonialisierung der Kolonialisierer. Folgerichtig greift Hofmannsthal in *Ein Brief* auf den Beginn des 17. Jahrhunderts zurück. Der Autor versetzt seinen Briefschreiber an den Anfang der Literatur als politische Antwort auf Gefühle der Auflösung, während er nach der Literatur schreibt. Hofmannsthals literarische Figur schreibt von einem geschrieben, der schreibt, nachdem die Literatur ihren politischen Sinn für die Gesellschaft verloren hatte und dadurch Mittel der Kolonialisierung werden konnte. Nachdem die Literatur Teil jener hegemonialen Kultur geworden war, die Welt beherrschte. Die die Beherrschung der Welt mit Erstarrung bezahlen mußte. Mit der Bewegungsunfähigkeit der Macht, die sich immer gegen die beweglichen Unterworfenen verteidigen muß. Und aus dem Fußball weiß mann, daß der Gegner die Strategie mitbestimmt. Der Kolonialisierer wird kontaminiert. Und so kann der arme Chandos nur laue Symptome metaphorisch formulieren. In der Harmoniesehnsucht des Affirmativ-Imperialen gibt es keine radikalen Lösungen. Und im nostalgisch-nationalen Entwurf schon gar nicht. Ein österreichischer Erzherzog Alexander war Anfang des 19. Jahrhunderts dagegen, daß ungarische Bauern lesen lernen sollten. Sie würden dann nur noch Zeitung lesen und nichts mehr arbeiten, weil sie etwas wüßten. Auf der metaphorischen Ebene bleibt dieses gegenaufklärerische Plädoyer für Unwissenheit aufrecht. Die Schönheit der Metaphern und Vergleiche soll von der Entschlüsselung abhalten. Darin ist der auctoriale Text entschieden didaktisch. Der metaphorische Raum soll gelesen ungelesen bleiben. Das Geheimnis des Schlachthofs soll in Schönheit verborgen bleiben. Bei Hofmannsthal jedenfalls noch. Und in dieser Verschleierung ist der auctoriale Text unethisch. Und darin unästhetisch. Undemokratisch sowieso. Aber Demokratisches war ja nicht zu vermuten. Der Rückgriff auf die feudale Welt ist auctorial logisch. Und das wäre alles historisch zu sehen, hätte sich nicht mit Fußball, mit Sport, mit Oper und Hollywood und postpropagandistischer Werbung der auctoriale Text erhalten. Und gäbe es nicht das Projekt Globalisierung, in dem dieser Text ganz im Sinn des 19. Jahrhunderts eingesetzt wird. Und wie bei Hofmannsthal nicht mehr Antwort auf ein weitverbreitetes Gefühl der Auflösung ist, sondern die historistische Schilderung dieser Gefühle als ästhetisierende Nostalgie. Das drängt ins Zuschauen ab. Wie um das Fußballfeld herum hat der Zuseher und die Zuseherin die Macht der Affirmation. Aber eben nur im Zusehen. Die eigenen Gefühle. Die eigene Wahrnehmung wird durch den steten Ich-Kannibalismus solcher Texte abgewöhnt. Abtrainiert. So lange, bis nur noch Ohnmacht als Möglichkeit von Wahrnehmung bleibt. Passivität in jedem Fall. Von der Wirkung dieser Fußballweltmeisterschaft aus gesehen gibt es keinen ethischen auctorialen Text. Und damit keinen schönen.

J. M. Coetzee

Brief von Elizabeth, Lady Chandos, an Francis Bacon

Mein lieber, hochverehrter Herr,

Sie werden von meinem Mann Philipp einen Brief, datiert vom 22ten August, erhalten haben. Fragen Sie mich nicht, wie, aber eine Abschrift dieses Briefes ist mir zu Gesicht gekommen, und nun füge ich meine Stimme zu der seinen. Ich befürchte, Sie könnten glauben, mein Mann hätte in einer Anwandlung von Wahnsinn geschrieben, einer Anwandlung, die inzwischen vorübergegangen sein mag. Ich schreibe, um Ihnen mitzuteilen: Dem ist nicht so. Es ist alles wahr, was Sie in dem Brief lesen, bis auf einen Umstand: Keinem Ehemann kann es gelingen, seiner liebenden Frau geistige Qualen, die so übergroß sind, zu verbergen. All die Monate wußte ich um das Leiden meines Philipp und habe mit ihm gelitten.

Wie ist es zu unseren Sorgen und Nöten gekommen? Vor dieser Leidenszeit hat es eine Zeit gegeben, wie ich mich erinnere, als er wie behext Gemälde mit Sirenen und Dryaden anstarrte, sich in ihre nackten, glänzenden Leiber hineinsehnte. Aber wo wäre in Wiltshire eine Sirene oder Dryade für ihn aufzutreiben, damit er es versuchen könnte? Notgedrungen wurde ich zu seiner Dryade: in mich drang er, wenn er sich in sie hineinsehnte, mich benetzten seine Tränen, wenn er sie wieder nicht in mir finden konnte. *Über eine kleine Weile werde ich lernen, deine Dryade zu sein, deine Dryaden-Sprache zu sprechen*, flüsterte ich im Dunkeln; aber er war nicht getröstet.

Eine Leidenszeit nenne ich die gegenwärtige Zeit; doch in der Gesellschaft meines Philipp habe auch ich Momente, da Leib und Seele eins sind und ich plötzlich wie mit Engelszungen reden will. *Meine Verzückungen* nenne ich diese Augenblicke. Sie überkommen mich – ich schreibe, ohne zu erröten, die Zeit ist fürs Erröten nicht gemacht – in den Armen meines Mannes. Er allein leitet mich; mit keinem anderen Mann würde ich ihrer teilhaftig. Mit Leib und Seele spricht er zu mir, spricht ohne Sprache; nicht mehr mit Worten dringt er in mich, in Leib und Seele, sondern mit flammenden Schwertern.

Wir sind für ein solches Leben nicht geschaffen, lieber Herr. Ich sage: mit flammenden Schwertern dringt mein Philipp in mich ein, mit Schwertern, nicht mit

Worten; aber es sind weder flammende Schwerter, noch sind es Worte. Es ist wie eine Seuche, daß man stets das eine für das andere sagt (ich sage: *wie eine Seuche* – kaum konnte ich mich zurückhalten, es *eine Rattenplage* zu nennen, denn Ratten sind in diesen Tagen rings um uns). Wie ein Wandergeselle (bitte, behalten Sie die Wendung im Gedächtnis), wie ein Wandergeselle betrete ich eine Mühle, finster und unbenutzt, und spüre plötzlich, wie die Fußbodenbretter, morsch vor Nässe, unter meinen Füßen nachgeben und mich in den reißenden Mühlbach stürzen lassen; doch ich bin es (ein Wandergeselle in einer Mühle) und bin's auch wieder nicht; und was immer wieder über mich kommt, ist auch keine Seuche oder Rattenplage, und es sind auch keine flammenden Schwerter, sondern etwas anderes. *Immer ist es nicht das, was ich sage, sondern etwas anderes.* Daher die Worte, die ich oben geschrieben habe: *Wir sind für ein solches Leben nicht geschaffen.* Nur *extreme Geister* eignen sich vielleicht für ein solches Leben, wo Worte unter den Füßen nachgeben wie morsche Bretter (ich sage: *wie morsche Bretter*, ich kann nicht anders, nicht, wenn ich Ihnen meine und meines Mannes Qualen klarmachen soll, ich sage: *klarmachen*, wo ist Klarheit, wo ist Klarheit?).

Wir können ein solches Leben nicht ertragen, weder er noch ich, noch Sie, verehrter Herr (denn wer weiß, ob Sie nicht mittels seines Briefes, oder wenn nicht seines, dann meines Briefes, in Berührung kommen mit einer Seuche, die eigentlich keine Seuche ist, sondern etwas anderes, immer etwas anderes?). Es mag eine Zeit kommen, wenn solche extremen Geister, wie ich sie erwähne, vielleicht imstande sind, ihre Leiden zu ertragen, aber diese Zeit ist noch nicht da. Wenn sie je kommen sollte, wird es eine Zeit sein, wo Giganten oder vielleicht Engel über die Erde wandern (ich halte mich nicht länger zurück, ich bin nun müde, ich gebe mich den Wendungen hin, sehen Sie, mein Herr, wie ich überwältigt werde? *Rausch*, nenne ich es, wenn ich es nicht *meine Verzückung* nenne, Rausch und Verzükkung sind nicht ein und dasselbe, aber ich vermag nicht zu erklären inwiefern, obwohl es mir klar vor Augen steht, ich sage: *vor Augen, vor meinem inneren Auge*, als ob ich in meinem Inneren ein Auge hätte, das die Wörter eins nach dem anderen mustert, wenn sie vorüberziehen, wie Soldaten bei einer Parade, ich sage: *wie Soldaten bei einer Parade*).

Alles ist Gleichnis, sagt mein Philipp. Jede Kreatur ist ein Schlüssel zu allen anderen. Ein Hund, der in der Sonne sitzt und sich leckt, sagt er, ist in diesem Moment ein Hund und im nächsten ein Gefäß der Offenbarung. Und vielleicht spricht er die Wahrheit, vielleicht durchdringen wir uns gegenseitig im Geist unseres Schöpfers (ich sage: *unseres Schöpfers*), wo wir durcheinanderwirbeln wie in einem Mühlbach, und werden von unseren Mitgeschöpfen tausendfach durchdrungen. Aber wie, so frage ich Sie, kann ich damit leben, daß Ratten und Hunde und Käfer tagein, tagaus durch mich hindurchkriechen, dem Ertrinken nahe und nach Atem ringend, mich kratzen und an mir zerren, mich immer tiefer in die Offenbarung treiben – wie nur? *Wir sind für Offenbarungen nicht geschaffen*, möchte ich aufschreien, *weder ich noch du, mein Philipp*, Offenbarungen, die das Auge versengen, als starre man in die Sonne.

Retten Sie mich, lieber Herr, retten Sie meinen Mann! Schreiben Sie! Sagen Sie ihm, daß die Zeit noch nicht gekommen ist, die Zeit der Giganten, die Zeit der Engel. Sagen Sie ihm, daß wir uns noch in der Zeit der Flöhe befinden. Worte erreichen ihn nicht mehr, sie zerschellen und zersplittern, es ist, als ob (ich sage: *als ob*), es ist, als ob er von einem Schild aus Kristall abgeschirmt würde. Aber Flöhe wird er verstehen, die Flöhe und Käfer kriechen noch an seinem Schild vorbei, und die Ratten; und manches Mal ich, seine Frau, ja, mein Herr, so manches Mal dringe auch ich durch zu ihm. Für ihn sind wir *die Gegenwart des Unendlichen*, und er sagt, wir ließen ihn erschauern; und wirklich habe ich diese Schauer gespürt, mitten in meinen Verzückungen habe ich sie gespürt, so intensiv, daß ich nicht mehr zu sagen weiß, ob es sein oder mein Erschauern war.

Weder die lateinische Sprache, sagt mein Philipp – ich habe die Worte abgeschrieben –, *weder die lateinische noch die englische, noch die spanische oder italienische Sprache werden die Worte meiner Offenbarung gebären*. Und so ist es, selbst ich, der ich sein Schatten bin, weiß das, wenn ich in meine Verzückungen eintauche. Doch er schreibt an Sie, wie ich an Sie schreibe, der Sie vor allen anderen dafür berühmt sind, daß Sie Ihre Worte wählen und an die ihnen bestimmte Stelle rücken und Ihre Urteile bauen, wie ein Maurer mit Ziegelsteinen eine Hauswand baut. Dem Ertrinken nahe, schreiben wir aus unseren verschiedenen Schicksalen heraus. Retten Sie uns.

Ihre ergebene Dienerin,

Elizabeth C.

A. D. 1603, diesen 11ten September.

(Aus dem Englischen von Reinhild Böhnke)

Nachwort

Am 18. Oktober 1902 erscheint in einer Berliner Tageszeitung ein Artikel mit der schlichten Überschrift *Ein Brief*. Sein Verfasser war ein fleißiger Epistolograph, dessen Korrespondenz mehr als tausend Druckseiten umfaßt. Aber keines der zahllosen Schreiben, die Hugo von Hofmannsthal an so berühmte Persönlichkeiten wie den Kritiker Maximilian Harden, die Schauspielerin Gertrud Eysoldt, den Verleger Anton Kippenberg oder den Komponisten Richard Strauss richtete, hatte ein Echo zur Folge, das sich mit jener Wirkung vergleichen ließe, die der Brief des Lord Chandos auslöste.

Der Unterzeichner, ein junger Mann namens Lord Philipp Chandos, datiert sein Schreiben auf den 22. August 1603. Sein Adressat ist Francis Bacon, der berühmte Philosoph und Naturwissenschaftler, der hier als väterlicher Freund angesprochen wird. Der Inhalt des Briefes:

Der Verfasser bittet seinen Mentor um Verständnis für das vollständige Ausbleiben der von ihm angekündigten literarischen Produktion. Die Begründung klingt zunächst recht dürftig: »Was ist der Mensch, daß er Pläne macht!« Aber der Platitüde folgt eine Begründung des Versäumnisses, die als einer der wichtigsten literarischen Texte des Dichters Hugo von Hofmannsthal und als ein Schlüsseldokument der Moderne in die Literaturgeschichte eingehen sollte.

Es ist ein seltsames Arrangement: Ein junger, erfolgreicher Dichter wählt sich die Maske eines jungen, erfolgreichen Dichters und läßt ihn in der auflagenstarken Tageszeitung *Der Tag* wortgewaltig vom Verstummen sprechen. Drei Jahrhunderte legt der Verfasser des Briefes zwischen sich und das fiktive Datum seiner Niederschrift. Ein Versteckspiel, bei dem der Spieler dafür sorgt, daß er nicht unentdeckt bleibt. Denn allzu auffällig sind die Parallelen zwischen dem jungen Chandos und dem jungen Hofmannsthal. Die Ambitionen als Geschichtsschreiber, das Spiel mit dem Formenvorrat der Literaturgeschichte, die souveräne Herrschaft über den »Prunk der Worte« – all dies schreibt Hofmannsthal dem jungen Chandos zu, und all dies galt auch für ihn selbst. Hofmannsthal war ein literarisches Wunderkind, ein Götterliebling, der als Knabe Gedichte veröffentlichte, die einen Arthur Schnitzler beeindruckten: »Bedeutendes Talent, ein 17j.[ähriger] Junge, Loris (v. Hofmannsthal). Wissen, Klarheit und, wie es scheint, auch echte Künstlerschaft, es ist unerhört in dem Alter«, notiert der Dramatiker im März 1891 in sein Tagebuch.

Naturgemäß hätte der Chandos-Brief nie die enorme Bedeutung erlangen können, die ihm von der Literaturgeschichte zugesprochen wird, wenn sich in ihm nur die individuelle Entwicklungskrise eines jungen Dichters ausgedrückt hätte. Hofmannsthal verhalf einem Epochengefühl zum Ausdruck, das noch immer andauert. Das inhaltsleere Gerede einer kulissenhaften Öffentlichkeit, der zerfahrene, konzentrationsschwache Geisteszustand, den wir als Signum unserer Epoche betrachten, das unbehagliche Gefühl, die Welt verflüchtige sich vor unseren Augen und ließe uns mit Worten zurück, die keine Bedeutung mehr haben – all dies hat Hofmannsthal bereits vor hundert Jahren heraufziehen sehen. Bei seiner Diagnose bediente er sich einer Sprache, die noch frei war von den Symptomen der Krankheit, die sie formulierte.

Fünf Jahre vor dem Verfassen des Chandos-Briefs hatte auch der junge Hofmannsthal noch gewußt, was es heißt, als Dichter »seinem Leben gerechtzuwerden«. In den *Blättern für die Kunst* schrieb er 1897: »Der Dichter begreift alle Dinge als Brüder und Kinder eines Blutes; dies führt ihn aber zu keiner Verwirrung. Er schätzt die Einzigkeit der Begebenheit unendlich hoch. Über alles setzt er das einzelne Wesen, den einzelnen Vorgang, denn in jedem bewundert er den Zusammenlauf von tausend Fäden, die aus den Tiefen der Unendlichkeit herkommen und sich nirgend wieder, niemals wieder völlig *so* treffen. Hier lernt er, seinem Leben gerechtzuwerden.«

Nun aber, im zweiten Sommer des neuen, des zwanzigsten Jahrhunderts, wollen die tausend Fäden nicht mehr zu einem Ganzen zusammenlaufen. Wo gerade noch alles sich zum natürlichen Ornament fügte, herrscht nun das Chaos der Unverbundenheit: Die Welt zerfällt in Einzelteile. Und keines Dichters Stimme ist mächtig genug, das Geschiedene wieder zusammenzufügen. Denn der Dichter hat nicht nur die Welt, sondern auch die Sprache verloren. Von diesem Sprachverlust berichtet unser Brief.

Chandos beschreibt seinen Zustand wie die Geschichte einer Krankheit, die sich allmählich ausbreitet: »Mein Fall ist, in Kürze, dieser: Es ist mir völlig die Fähigkeit abhanden gekommen, über irgend etwas zusammenhängend zu denken oder zu sprechen.« Die Worte entziehen sich ihm wie ein einstmals guter Freund, der allmählich auf Distanz geht, die Anfechtung breitet sich aus wie »um sich fressender Rost«. Die Religion vermag keinen Trost zu spenden, und auch die Welt der Alten, Seneca und Cicero, bietet kein Refugium mehr. Die Nabelschnur der Tradition ist gerissen, und dieser Riß führt zu einer existentiellen

Krise. An ihrem Ende jedoch steht die Ahnung einer neuen Weltsicht und einer neuen Sprache.

Zunächst verliert Chandos sein Urteilsvermögen, denn, wie die am häufigsten zitierte Stelle des Briefs besagt, »die abstrakten Worte, deren sich doch die Zunge naturgemäß bedienen muß, um irgendwelches Urteil an den Tag zu geben, zerfielen mir im Munde wie modrige Pilze.« Später verläßt ihn auch der »vereinfachende Blick der Gewohnheit«, wenn er die Personen und Geschehnisse des alltäglichen Lebens ins Auge fassen will: »Es zerfiel mir alles in Teile, die Teile wieder in Teile, und nichts mehr ließ sich mit einem Begriff umspannen. Die einzelnen Worte schwammen um mich; sie gerannen zu Augen, die mich anstarrten und in die ich wieder hineinstarren muß: Wirbel sind sie, in die hinabzusehen mich schwindelt, die sich unaufhaltsam drehen und durch die hindurch man ins Leere kommt.«

Die Angst vor der Leere hinter den Worten ist die Folge der Vertreibung aus dem Paradies des Sprachvertrauens. Der Weg zurück ist versperrt. Aber welchem Sündenfall verdankt sich die Vertreibung? Von welcher verbotenen Frucht hatte Chandos gegessen?

In den Ängsten und Nöten des jungen Lord am Beginn des siebzehnten Jahrhunderts erkannte sich eine Epoche wieder: Im Verlust jeglicher Gewißheit, im Zweifel an der Beschaffenheit von Ich und Welt, in der wachsenden Skepsis gegenüber den Ausdrucksmöglichkeiten der Sprache manifestieren sich die Grundgefühle der Moderne. Schon von den unmittelbaren Zeitgenossen wurde der Chandos-Brief als Ausdruck der aufkommenden Sprachskepsis begriffen, wie sie etwa Fritz Mauthners *Beiträge zur Kritik der Sprache* formulierten. Der Kritiker Gustav Landauer bezeichnete den Brief bereits 1903 als Manifest einer neuen Dichtergeneration, die sich vom Glauben an das Wort abwende und »zum Rhythmus, zum Unsagbaren« tendiere. Und tatsächlich läßt Hofmannsthal den jungen Chandos sein Heil im Unsagbaren suchen. Am Ende zeigt sich ein Ausweg, und der Text öffnet sich religiösen Begriffen. Von »Offenbarung« und »göttlichem Gefühl« ist nun die Rede.

Es sind einfache Dinge, eine Gießkanne, eine Egge auf dem Feld, ein Hund in der Sonne, die den Einklang mit der Welt wieder ermöglichen sollen. In einer halbvollen Gießkanne, die der Gärtnerbursche am Vorabend unter dem Nußbaum vergessen hat, offenbart sich die »Gegenwart des Unendlichen«, die den Dichter von den »Wurzeln der Haare bis ins Mark der Fersen« durchschauert. Aber die Worte kommen nicht zurück. Denn die Sprache, diese Epiphanien auszudrücken, ist dem jungen Lord noch fremd. Es ist eine »Sprache, von deren Worten mir auch nicht eines bekannt ist, eine Sprache, in welcher die stummen Dinge zu mir sprechen, und in welcher ich vielleicht einst im

Grabe vor einem unbekannten Richter mich verantworten werde.«

Wie dauerhaft die Angst vor dem Verlust der Sprache, von der die Dichter der Jahrhundertwende ergriffen wurden, war, zeigt noch zu Beginn der achtziger Jahre Botho Strauß. In einer charakteristischen Passage von *Paare, Passanten* wird die Sprache als autonom beschrieben, gewissermaßen als Subjekt, das sich seinem Gegenüber entziehen kann. So lautet das Selbstgespräch eines Lesers, dem unter freiem Himmel, in der Dämmerung, das schwindende Licht die Lektüre entzieht und tiefergehende Ängste weckt: »Du hast ja keine Ahnung, was geschieht, wenn diese Sprache einmal alles von Dir fordert und bis auf den scheinbarsten Huscher fast gänzlich wegfällt. Du weißt ja nicht, was wirkliche Einsamkeit ist, bevor du nicht dies äußerst geringfügige Rascheln nur noch, irgendwo am Rande deines Geistes, vernommen haben wirst. Du hast ja keine Ahnung, wie du dann wohl sitzen und kauern mußt, wenn erst die Worte unter sich, du aber ausgeschlossen und erkenntnislos.« Die Sprache verläßt den Schreibenden, wie eine Geliebte den Geliebten, setzt sich von ihm ab, überläßt ihn einer Einsamkeit, wie sie kein Dichter sich größer denken kann.

Auch am Ende des zwanzigsten Jahrhunderts setzten manche Autoren ihre Hoffnung noch immer in die

Dingwelt. Wie der junge Hofmannsthal der Jahrhundertwende lauscht etwa Peter Handke hingebungsvoll jener höheren, reineren Sprache, in welcher die stummen Dinge zu ihm sprechen sollen. Nun aber, da sich die Veröffentlichung des Briefes von Lord Chandos zum hundertsten Male jährt, ist es an der Zeit, dem jungen Lord zu antworten. Francis Bacon hat lange genug geschwiegen. Deshalb haben die Herausgeber dieses Bandes Schriftsteller gebeten, ihren ganz persönlichen Brief an Lord Chandos zu formulieren. Manche von ihnen sind dazu in die Haut des Philosophen Bacon geschlüpft, andere antworteten im eigenen Namen oder haben Hofmannsthals Spiel um eine neue Maske bereichert, wie etwa J. M. Coetzee, der die junge Ehefrau von Chandos einen Brief an Bacon schreiben läßt. So unterschiedlich die Briefe auch ausgefallen sind, von Friederike Mayröcker bis Felicitas Hoppe, von Brigitte Kronauer bis Thomas Hürlimann, von Ilse Aichinger bis Louis Begley, eines ist ihnen gemeinsam: Sie alle künden davon, daß der Brief, den der junge Hugo von Hofmannsthal am 18. Oktober des Jahres 1902 in den Briefkasten der Weltliteratur warf, seine Empfänger auch heute noch erreicht und berührt.

Darmstadt, den 10. Juli 2002
Hubert Spiegel

Die Autoren

Erwähnt werden das Geburtsjahr und die letzte Buchveröffentlichung

Henning Ahrens
⋆ 1964 / *Lauf Jäger lauf* (Roman) bei S. Fischer

Ilse Aichinger
⋆ 1921 in Wien / *Film und Verhängnis* bei S. Fischer

Zsuzsa Bánk
⋆ 1965 / *Der Schwimmer* (Roman) bei S. Fischer

Louis Begley
⋆ 1933 / *Das gelobte Land* bei Suhrkamp

Klaus Böldl
⋆ 1964 in Passau / *Südlich von Abisko* (Erzählung) bei S. Fischer. In Planung: *Die fernen Inseln* (Roman)

J. M. Coetzee
⋆ 1940 in Kapstadt / *Die jungen Jahre* bei S. Fischer

Heinrich Detering
* 1959 in Neumünster / *Herkunftsorte* in der Westholsteinischen Verlagsanstalt

Lavinia Greenlaw
* 1962 in London / *Die Vision der Mary George* bei DuMont

Durs Grünbein
* 1962 in Dresden / *Erklärte Nacht* (Gedichte) bei Suhrkamp

Nadja Einzmann
* 1974 / *Da kann ich nicht nein sagen* bei S. Fischer

Jenny Erpenbeck
* 1967 in Berlin / *Tand* (Erzählungen) bei Eichborn

Dieter Forte
* 1935 in Düsseldorf / *Schweigen oder Sprechen* bei S. Fischer

Thomas Hettche
* 1964 in Treis / *Der Fall Arbogast* (Roman) bei DuMont

Wolfgang Hilbig
* 1941 in Meuselwitz (Thüringen) / *Bilder vom Erzählen* (Gedichte) bei S. Fischer

Felicitas Hoppe
* 1960 in Hameln / In Planung: *Paradiese, Übersee* (Roman) bei Rowohlt

Thomas Hürlimann
* 1950 in Zug (Schweiz) / *Fräulein Stark* (Roman) bei Ammann

Georg Klein
★ 1953 / *Barbar Rosa* (Roman) bei Alexander Fest. In Planung: *Von den Deutschen* bei Rowohlt

Brigitte Kronauer
★ 1941 in Essen / *Teufelsbrück* (Roman) bei Klett-Cotta

Judith Kuckart
★ 1959 / *Lenas Liebe* (Roman) bei DuMont

Michael Lentz
★ 1964 in Düren / *Muttersterben* (Prosa) bei S. Fischer

Monika Maron
★ 1941 in Berlin / *Endmoränen* (Roman) bei S. Fischer

Friederike Mayröcker
★ 1924 in Wien / *Requiem für Ernst Jandl* bei Suhrkamp

Rainer Merkel
★ 1964 in Köln / *Das Jahr der Wunder* (Roman) bei S. Fischer

Perikles Monioudis
★ 1966 in Glarus (Schweiz) / *Palladium* (Roman) im Berlin Verlag

Andrea Paluch und Robert Habeck
Andrea Paluch ★ 1970, Robert Habeck ★ 1969 / *Hauke Haiens Tod* (Roman) bei S. Fischer

Viktor Pelewin
★ 1962 / *Generation P* (Roman) im Verlag Volk und Welt

Dirk von Petersdorff
* 1966 in Kiel / *Verlorene Kämpfe* (Essays) bei S. Fischer

Bruno Richard
* 1957 in Unterfranken / *Desaster* (Roman) bei S. Fischer

Harry Rowohlt
* 1945 in Hamburg / Übersetungen von Philip Ardaghs *Schlimmes Ende* bei Bertelsmann sowie Axel Schefflers *Über das Halten von Eichhörnchen* in der Edition Büchergilde

James Salter
* 1925 in New Jersey / *Verbrannte Tage* (Erinnerung) im Berlin Verlag

Burkhard Spinnen
* 1956 in Mönchengladbach / *Belgische Riesen* (Kinderbuch) bei Schöffling

Marlene Streeruwitz
* 1950 in Baden bei Wien / *Partygirl.* (Roman) bei S. Fischer

Stephan Wackwitz
* 1952 in Stuttgart / *Selbsterniedrigung durch Spazierengehen* (Essays) bei S. Fischer. In Planung: *Ein unsichtbares Land* (Roman)

Feridun Zaimoglu
* 1964 in Bolu (Anatolien) / *German Amok* (Roman) bei Kiepenheuer & Witsch